T0065338

# NUEVA REFORMA APOSTÓLICA

## ¿Visión o ficción?

# NUEVA REFORMA APOSTÓLICA

## ¿Visión o ficción?

Iván Valladares

| Número de Control de la Biblioteca del Congreso de EE. UU.: | | 2015913376 |
| --- | --- | --- |
| ISBN: | Tapa Dura | 978-1-5065-0781-1 |
| | Tapa Blanda | 978-1-5065-0780-4 |
| | Libro Electrónico | 978-1-5065-0779-8 |



Información de la imprenta disponible en la última página.

Fecha de revisión: 25/09/2015

**Para realizar pedidos de este libro, contacte con:**

Palibrio

1663 Liberty Drive

Suite 200

Bloomington, IN 47403

Gratis desde EE. UU. al 877.407.5847

Gratis desde México al 01.800.288.2243

Gratis desde España al 900.866.949

Desde otro país al +1.812.671.9757

Fax: 01.812.355.1576

ventas@palibrio.com

711562

# ÍNDICE

# INTRODUCCIÓN

*No añadas a sus palabras, para que no te reprenda,*
*Y seas hallado mentiroso.*
*Proverbios 30:6*

## UNA DOCTRINA RECORRE EL MUNDO.

Al interior de la Iglesia Cristiana Evangélica, existe un fuerte movimiento denominado: "La Nueva Reforma Apostólica". El objetivo principal de este nuevo mover es, rediseñar la Iglesia Cristiana desde sus cimientos doctrinales, para fundar la nueva iglesia apostólica.

Este neo-pentecostalismo es considerado como una fusión entre el Movimiento Pentecostal y el Movimiento Carismático, conservando algunas doctrinas básicas del pentecostalismo clásico, pero al mismo tiempo, añadiendo nuevas enseñanzas, doctrinas y nuevas prácticas como la risa santa, la borrachera espiritual o el gruñir como animales.

Con el argumento de salir a reinar para Cristo en este mundo, esta nueva iglesia apostólica pretenderá alinearse en una sola unidad de fe, pero, dejando de lado al autor de la fe.

Estos líderes intentarán convencernos de que ha llegado el tiempo en que la iglesia cristiana debe avanzar a nuevos niveles, tomando posesión del mundo y de sus beneficios.

Con la creación de nuevas teologías, basadas en sus propias revelaciones, buscarán establecer finalmente un líder supremo, el apóstol de apóstoles a la cabeza del reino, preparando el camino y los corazones de las personas para introducirlos en tiempos de la apostasía, cuando los que un día escucharon el mensaje de salvación; den la espalda a Cristo negando la obra del Señor en ellos.

Este puede ser el inicio de lo que ocurrirá en el final de los tiempos, cuya enseñanza basada en el poder engañador de un falso avivamiento, atraerá a miles de creyentes fuera del campamento, guiándolos a la creación de nuevos becerros de oro, alejándolos de la bendita Palabra de Jehová.

Jesús enseñó que la característica principal del tiempo final de Su Gracia sería: la invasión de falsas doctrinas. Es decir, la existencia en abundancia de falsos predicadores, falsos maestros y en consecuencia falsas iglesias. También Jesús señaló que en los postreros días, aun hasta los escogidos serían engañados y desviados de la fe.

En esta Nueva Era Apostólica, cuando la iglesia enfrenta dentro de sus filas a hombres sin conocimiento, neófitos que se engañan a sí mismos; como dice Pablo a Timoteo, debemos guardar fielmente el buen depósito que hemos recibido directamente de Dios, ya que de lo contrario, se reconstruirán nuevos ídolos de adoración.

El autor, en su paso por la Nueva Iglesia Apostólica y Profética, analizó las distintas contradicciones en las que este nuevo movimiento religioso sustenta sus doctrinas.

Examinó conceptos desarrollados por esta ola neo-apostólica, a partir de supuestas revelaciones recibidas directamente de Dios a oídos de sus nuevos ungidos; tales como: La Teología de la Restauración, La Teología del Reino Ahora, La Paternidad Apostólica y otros temas tan interesantes como; La Iglesia Apostólica y su concepto de Guerra Espiritual, La Prosperidad, Los Pactos, etc.

Contrastando estas nuevas doctrinas, con las verdades bíblicas fundamentales, el autor deja en evidencia las contradicciones y errores que pretenden introducir estos nuevos movimientos y que proliferan día a día.

Todo lo anterior, con el propósito de brindar una guía a aquellos verdaderos cristianos que están enfrentados constantemente a la seductora avalancha del evangelio del éxito sobrenatural.

En un lenguaje simple, este libro será muy útil para todo aquel que quiera investigar algo más, acerca de estas nuevas influencias religiosas que invaden gran parte de la Iglesia Cristiana Evangélica en toda América y el mundo.

# CAPITULO 1

# EL BECERRO DE ORO

*Viendo el pueblo que Moisés tardaba en descender*
*del monte, se acercaron entonces a Aarón,*
*y le dijeron: Levántate, haznos dioses que vayan*
*delante de nosotros; porque a este Moisés,*
*el varón que nos sacó de la tierra de Egipto,*
*no sabemos qué le haya acontecido.*
*Y viendo esto Aarón, edificó un altar delante del*
*becerro; y pregonó Aarón, y dijo:*
*Mañana será fiesta para Jehová.*
*Éxodo 32:1,5*

Existen muchas enseñanzas que se pueden extraer de la famosa historia bíblica del becerro de oro ocurrida en el monte Sinaí. En ella encontramos como protagonistas principales a Moisés, Aarón y al pueblo escogido de Dios recién libertado por la acción sobrenatural de Jehová.

Sin embargo, muchas de las verdades encontradas en esta historia, dan cuenta del nulo conocimiento que este pueblo tenía acerca de su Dios.

Este episodio en particular, revela la apostasía del pueblo y posterior fabricación de un becerro de oro, representativo de un dios falso que los guiaría hacia la tierra prometida.

Es importante destacar que todo este pueblo, fue testigo de las grandes maravillas que Jehová nuestro Dios realizó en la tierra de Egipto. Lamentablemente, ellos no comprendieron quien era su verdadero Dios; y en esta ceguera espiritual pidieron dioses, y no uno, sino varios ídolos falsos como guías para así marchar detrás de ellos, con sus propias fuerzas hacia la tierra prometida.

Moisés es figura de Cristo, quien guió al pueblo hacia la libertad. Pero, este pueblo se cansó de las dificultades y de esperar. Cuando entendieron que Moisés tardaba en regresar, quisieron levantar un falso dios y un sistema propio de leyes.

En estos pasajes bíblicos, encontramos a Aarón convencido de estar ejecutando planes para Jehová. Él cree que su obra es representativa de Dios, al extremo de dedicar el día y la fabricación del ídolo pagano; como "fiesta en honor a Jehová".

Aarón estuvo dispuesto a darle al pueblo lo que pedía: un sustituto. Un dios que solucionara de forma rápida y atractiva todos sus problemas. No confió en la verdadera palabra entregada por Jehová a Moisés y en la provisión que Dios estaba preparando para ellos a través del líder.

Recordemos que Moisés estaba ausente, pero antes de irse, ya había anunciado su regreso.

Aarón no obedeció las instrucciones recibidas y para mantener buenas relaciones con el pueblo, cobardemente levantó un ídolo falso y pagano en honor a Jehová. Seguramente vio su vida en peligro al oponerse a los deseos desenfrenados de la multitud.

Siempre existirán hombres como Aarón, que luego de recibir el testimonio a través de su Señor, y presionados por las circunstancias, se levantarán y fabricarán sus propias formas de adoración para agradar a las multitudes. Danzarán y se regocijarán esperando ser guiados por falsos siervos, ciegos y corruptos que únicamente actúan en esta vida por la misericordia de Jehová. En este episodio, el Señor tuvo misericordia de Aarón.

La ira de Dios se encendió contra su pueblo a causa de la fabricación y adoración de un becerro de oro (representativo de un falso dios). También la ira de Dios se encendió contra aquellos que señalaron a Moisés como el autor de la salida de Egipto, sin dar la honra al Padre.

Ellos no miraron a Dios como el autor del éxodo, sino que consideraron a Moisés como el responsable y líder de la salida de Egipto hacia la libertad.

Todo lo anterior, considerando que ellos fueron testigos privilegiados de las grandes hazañas realizadas en tierra de faraón; este pueblo de dura cerviz no reconoció a Dios como el verdadero autor.

*Levántate, haznos dioses que vayan delante de nosotros; porque a este Moisés, el varón que nos sacó de la tierra de Egipto, no sabemos qué le haya acontecido.*

*Éxodo 32:1*

El pueblo de Dios perdió el ánimo cuando se convenció de que Moisés jamás regresaría.

Estos hombres en rebelión no entendieron quien era el Dios Todopoderoso que actuaba en favor de ellos, sin embargo, no fue suficiente para confiar en él y por causa de la tardanza del líder Moisés, decidieron tomar en sus manos la tarea, rebelándose contra Jehová.

Por tanto, vemos como un gran número de personas se entregó ciegamente a la rebelión para seguir sus propios anhelos. Rebelión de un pueblo que experimentó en primera persona las maravillas hechas por Jehová.

Este es un modelo común en la obra de Satanás, sobre las vidas de las personas carentes de fe y conocimiento. Esta es la eterna rebelión del ser humano contra Dios, causada por la falta de conocimiento, paciencia y sabiduría.

El engaño de Satanás fue convencer al pueblo que el nuevo ídolo era una representación de Jehová.

En consecuencia, el becerro de oro fue el producto nacido de sus propias concupiscencias ante la tardanza del líder.

Tal como hoy, muchos ya se cansaron de esperar a Cristo y quieren marchar con sus propias fuerzas hacia la tierra prometida. Confundiendo el reino venidero de Cristo preparado para los que le aman, con un reino físico en esta tierra actual, en la que, el pecado y la corrupción hacen imposible convertirla en la morada del Rey.

Cuando Jesús se tarda en venir, según los que se cansaron de esperar y lo tienen por tardanza; se levantan maestros, pastores y ahora nuevos movimientos apostólicos y proféticos conforme a sus propias nuevas doctrinas. Hombres y líderes que pretenden guiar al pueblo basados en nuevas fábulas apostólicas, asignándole a estas creencias un origen divino, cuando ciertamente estos conceptos nacen de sus propios anhelos; pero atribuyéndolos como obra de Jehová.

Tal como Aarón, que pregonó fiesta en honor a Jehová, así mismo se levantan apóstoles con ministerios de oro y de prosperidad en este tiempo, los que atribuyen sus propios logros, señales y prácticas milagrosas al poder de Dios. Este es el nuevo apóstol de oro.

Estos hombres proponen una espiritualidad de entretención, mezclada con un mensaje de prosperidad y de victoria sobrenatural.

Intentan convencer a la audiencia, que su mensaje es la revelación que le faltaba a la Iglesia de Cristo para alcanzar niveles de evolución supernatural. Proclaman un nuevo becerro de oro a quien seguir. Levantan ídolos que vayan delante de ellos, es decir, falsos dioses de prosperidad que los guíen y que promuevan las ventajas de ser hijos de Dios.

Enfatizan que nuestro Padre celestial, tiene la capacidad de cubrir todas las necesidades básicas y económicas a través de pactos; confiando que el sacrificio restaurador de Cristo, librará a los fieles de sus aflicciones materiales (basados en nuevas teologías, las que analizaremos en el siguiente capítulo).

Pero, estos hombres están dejando de lado el principio de la santidad, el principio de vivir por fe en el Señor, de gozarse en la abundancia o en escasez; el principio de servir a un Dios por amor y gratitud sin esperar nada a cambio.

El regalo más precioso que no merecíamos, Dios ya lo ha provisto a través de su hijo Jesús; salvación y vida eterna.

En el pasaje bíblico utilizado; Moisés quebró las tablas de la ley al entender que el pueblo rebelde estaba desarrollando su propio sistema de leyes, haciéndose inútil para ellos la verdadera palabra escrita en las tablas de Dios.

Así como Moisés recibió directamente de mano de Jehová las leyes que guiarían al pueblo; las iglesias y los creyentes en la actualidad, debemos guardar fielmente el buen depósito que Dios mismo nos ha entregado a través de Su Palabra.

En estos tiempos, debemos entender que el Espíritu Santo nos fue dado a cada uno, cuando recibimos a Jesucristo en nuestros corazones; quien ha prometido guiarnos a toda verdad.

La Biblia es clara y no se refiere a verdades a medias o parciales. Por el contrario, nos enseña que seremos guiados a toda verdad y cuando dice que: el Espíritu Santo nos enseñará todas las cosas, no se refiere a revelaciones escondidas y reservadas solamente para algunos privilegiados de este tiempo.

No existió una enseñanza parcial a través del Espíritu Santo. Por tanto, él nos guiará a toda verdad y nos enseñará todas las cosas.

> *Mas el Consolador, el Espíritu Santo, a quien el Padre enviará en mi nombre, él os enseñará todas las cosas, y os recordará todo lo que yo os he dicho.*
>
> *Juan 14:26*

Moisés volvió al campamento y apartó a los que guardaron fieles la enseñanza; separando el buen remanente, de los hombres corruptos y vanagloriosos que se rebelaron contra Dios. Así mismo Cristo, separará el trigo de la cizaña para vergüenza de aquellos que están arrastrando a miles de incautos hacia los inicios de la apostasía.

La mentira del falso ídolo engaña a multitudes de corazones que verdaderamente no han conocido al Señor.

Así como regresó Moisés y aplastó la rebelión, también Jesús volverá por los suyos sin previo aviso y cuando muchos ya no lo esperen.

*Se puso Moisés a la puerta del campamento, y dijo: ¿Quién está por Jehová?*

*Éxodo 32:26*

La historia del pasaje bíblico señalado, concluye con un Moisés que intercede humildemente por un pueblo infiel. Esta acción de reconciliación precede a la apostasía vivida en el campamento de Dios.

Hoy, debemos interceder por un pueblo que ha sido engañado y alejado de la verdadera sana doctrina. Sabemos que en los últimos tiempos la apostasía nuevamente estará presente dentro del pueblo de Dios.

Por tanto, vivamos dando la gloria a Dios en todo tiempo. Apartémonos de la iniquidad de los apóstatas de este mundo actual, glorificando al Señor en el día de la prueba y de la aflicción, que será también el día de nuestra purificación.

Reconozcamos siempre al verdadero Dios de los cielos como el autor de nuestra salvación. Antes éramos indignos, pero Dios nos sacó de Egipto para llevarnos a una nueva tierra prometida. Él nos sacó de la idolatría y del pecado para regalarnos vida.

En el siguiente capítulo, analizaremos como la Nueva Reforma Apostólica pretende rediseñar a la iglesia cristiana evangélica desde su base doctrinal, tomando textos bíblicos como pretexto para fundar nuevos principios y establecer nuevas doctrinas.

Esta puede ser señal de lo que ocurrirá en el final de los tiempos, cuando la enseñanza basada en el poder engañador de un falso avivamiento, atraerá a miles de creyentes fuera del campamento, y lejos de la bendita Palabra de Jehová.

## CAPITULO 2

# TEOLOGÍA DE LA RESTAURACIÓN

*No añadas a sus palabras, para que no te reprenda,*
*Y seas hallado mentiroso.*
*Proverbios 30:6*

Así como Moisés apareció sin previo aviso en el campamento, así mismo aparecerá Cristo y llevará consigo a los fieles que guardaron su palabra y sus enseñanzas. Los mismos fieles que no se dejaron seducir por falsas adoraciones y enseñanzas nacidas en los deseos y anhelos más ocultos del corazón humano.

En la actualidad, nuestra iglesia cristiana evangélica enfrenta este fuerte movimiento que aboga por la restauración de los ministerios apostólicos y proféticos.

Basados en versículos bíblicos tomados fuera de contexto, esta ola de restauración apostólica declara que: Dios está levantando nuevamente apóstoles y profetas de la misma categoría que encontramos en las Escrituras; es decir, apóstoles y profetas bíblicos similares en unción y autoridad a Pedro, Juan, Elías o Jeremías.

Esta es la llamada: "Teología de la Restauración."

Estos hombres hablan de un nuevo conocimiento, que según afirman, no fue entregado a los primeros apóstoles de la iglesia primitiva; pero que ahora sí se estaría entregando a ellos, en esta nueva era apostólica al final de los tiempos.

Ellos sostienen, que sus nuevos ungidos estarían interactuando al interior de la iglesia mediante una comunicación directa y verbal con Dios; a través de experiencias espirituales sobrenaturales.

Todo lo anterior, con el propósito de llevar a la iglesia de Cristo a nuevos niveles para lograr el dominio de la tierra y sus naciones. Así, una vez cumplida la tarea de reinar en este mundo; Cristo vuelva.

Un total sin sentido. La biblia nunca ha enseñado que los dones espirituales, sean otorgados para establecer posiciones y privilegios o abuso de poder.

Según nos enseñan, la iglesia actual se ha desviado del camino correcto, argumentando que Dios perdió el control del mundo. Es por esta razón, que ahora el Señor estaría buscando hombres valientes que puedan ir y recuperar el control perdido. Es decir, restaurar en reino de Dios en este mundo. Esto significa que la verdadera iglesia del Señor ha estado a la deriva todos estos siglos de existencia; pero que ahora y gracias a ellos, la iglesia podrá salir del error.

Argumentan que los nuevos apóstoles, poseen la gracia para convertir a políticos, empresarios y presidentes a Cristo, ya que la sobreabundante unción que poseen, hace que el mundo los busque para encontrar en ellos sabiduría divina y consejo. Incluso, dicen tener unción, revelación y autoridad sobrenatural sobre la enfermedad y la muerte.

Con el propósito de eliminar las denominaciones evangélicas, este nuevo movimiento tiene gran interés en levantar estructuras jerarquizadas de líderes sujetos a la llamada: "paternidad apostólica".

Buscan crear redes apostólicas, basadas en la cobertura espiritual y en el sometimiento, por lo que se clasifican en: apóstoles territoriales, zonales, regionales, etc.

Quieren que toda la estructura y la enseñanza, sean sustentadas a través de la única "nueva revelación apostólica", ya que la "vieja revelación bíblica", según ellos afirman, está obsoleta para los nuevos tiempos. Es decir, no produce el avance que la iglesia necesita para la gobernalización del mundo.

El objetivo final de este nuevo modelo apostólico, será agrupar a toda la iglesia cristiana bajo un liderazgo: los nuevos apóstoles, imitando la estructura apostólica que existió en la primera iglesia del nuevo testamento.

Lo más importante de entender en todo este movimiento neo-apostólico, es el hecho de que estos nuevos conocimientos, no están fundamentados en la búsqueda de la Palabra de Dios o en escudriñar las Escrituras, sino que le otorgan más valor a las experiencias y a encuentros sobrenaturales vividos directamente en la presencia de Dios, que a la misma Palabra de Dios escrita.

Para un cristiano verdadero, conocedor de las Escrituras y de la sana doctrina, lo señalado anteriormente se convierte en una contradicción, ya que la misma Palabra de Dios establece a la Biblia, y su recolección de todos los libros inspirados del nuevo y del antiguo testamento, como canon cerrado. Libros inspirados, proféticos y apostólicos respectivamente, que abarcan un periodo de 1500 años y, que permanecen 1900 años después, sin que se añada nueva revelación.

> *Amados, por la gran solicitud que tenía de escribiros acerca de nuestra común salvación, me ha sido necesario escribiros exhortándoos que contendáis ardientemente por la fe que ha sido una vez dada a los santos.*
>
> *Judas 1:3*

> *No añadiréis a la palabra que yo os mando, ni disminuiréis de ella, para que guardéis los mandamientos de Jehová vuestro Dios que yo os ordeno.*
>
> *Deuteronomio 4:2*

*Cuidarás de hacer todo lo que yo te mando; no añadirás a ello, ni de ello quitarás.*
*Deuteronomio 12:32*

La iglesia cristiana, no ha negado la existencia de los dones apostólicos y de profecía, pero en la actualidad, deben ser considerados en su justa medida.

Específicamente, la iglesia pentecostal tradicional, ha considerado a los portadores de estos dones, como hombres de Dios enviados a lugares en los que no se ha declarado el mensaje de salvación; pero siempre guiados por la Palabra de Dios y por el poder de su Espíritu Santo y nunca como hombres ungidos directamente por Dios para llevar nueva doctrina o nueva revelación.

En la Biblia encontramos a los doce en este oficio de apóstol, considerando a Matías, quien fue elegido para reemplazar a Judas.

También encontramos a Pablo, quien fue llamado por el mismo Jesús como apóstol a los gentiles.

La misión de éstos primeros apóstoles era evangelizar e ir donde Cristo no había sido predicado, tal como lo hacía el apóstol Pablo.

Hoy en día, este llamado misionero debe ser el verdadero apostolado.

Paralelamente, algunos de los profetas que encontramos en el nuevo testamento, cumplieron la función de exhortar, de consolar y confirmar a la congregación con Palabra de Dios, al advertir a los santos de sucesos futuros bajo la unción del Espíritu; pero siempre en concordancia con la sana doctrina y nunca entregando una nueva revelación distinta a la impartida a través del Espíritu Santo.

La verdadera profecía no contradice las Sagradas Escrituras.

Al igual que los profetas en el antiguo testamento, usados para la conformación del pueblo escogido; en el nuevo testamento, los ministerios apostólicos tenían directa relación con la fundación de la iglesia.

Estos hombres de Dios tenían el poder de hacer milagros, como medio para confirmar el mensaje fundacional que predicaban.

Los apóstoles del Señor, fueron hombres directamente llamados por Jesús para predicar la palabra y levantar iglesias. Además, estos hombres conocieron a Cristo desde el inicio de su ministerio, hasta su resurrección y posterior ascensión.

El significado básico del término apóstol es: "apostelos" y significa: "aquel que es enviado para cumplir una misión". Por tanto, el enviado no tiene autoridad por sí mismo, sino de quien lo envía, y su función principal es: servir y no ser servido; y menos adjudicarse una unción y autoridad apostólica sobrenatural. Como vemos que ocurre en la actualidad.

> *Y con gran poder los apóstoles daban testimonio de la resurrección del Señor Jesús, y abundante gracia era sobre todos ellos.*
>
> *Hechos 4:33*

Las características requeridas para este apostolado, hacen que la sucesión apostólica sea imposible para estos tiempos. Por un lado, el apóstol debía ser seleccionado directamente por Jesús y ser testigo presencial del Cristo resucitado y ascendido a los cielos; para dar testimonio de lo que vio y aprendió directamente del Maestro.

Por otro lado, los apóstoles tenían la misión de traspasar todo lo que aprendieron de Jesús y posteriormente del Espíritu Santo a los discípulos de la iglesia primitiva. Es decir, ellos fueron los portadores de la verdadera sana doctrina.

Los hombres y discípulos que posteriormente recibieron el legado de los doce apóstoles, son considerados como nuevos enviados o misioneros, que llevan sobre si una autoridad espiritual depositada de quien los envió.

El apóstol en la actualidad, es el siervo que va donde Jesús no ha sido predicado, llevando la semilla del evangelio, levantando iglesias para Cristo.

Cuando los once se reunieron para elegir al que había de tomar el puesto de Judas, el elegido debía ser un testigo presencial, durante el ministerio terrenal de Jesús y además ser testigo de su resurrección y ascensión, calificando el cumplimiento de estos requisitos como: necesario.

> *Es necesario, pues, que de estos hombres que han estado juntos con nosotros todo el tiempo que el Señor Jesús entraba y salía entre nosotros, comenzando desde el bautismo de Juan hasta el día en que de entre nosotros fue recibido arriba, uno sea hecho testigo con nosotros, de su resurrección.*
>
> *Hechos 1:21 -22*

Únicamente estos hombres fueron testigos de la vida, muerte, resurrección y posterior ascensión de Cristo a los cielos y solamente ellos son los portadores de la doctrina revelada a la iglesia cristiana.

Por tanto; este oficio de apóstol se extinguió con el último de aquellos siervos.

Debemos considerar que los discípulos de Jesús recibieron el mandato de esperar en Jerusalén la promesa del Padre, pero antes de este hecho, ellos eligieron por medio de suertes al apóstol sucesor, cuando aun no tenían la presencia del Espíritu Santo en sus vidas. *(Hechos 1: 4-5)*

## EDIFICADOS SOBRE EL FUNDAMENTO

# ¿EXISTIRA OTRO FUNDAMENTO?

*Edificados sobre el fundamento de los apóstoles y profetas, siendo la principal piedra del ángulo Jesucristo mismo.*
*Efesios 2:20*

Este pasaje de Efesios 2:20, es muy utilizado por el movimiento de la Nueva Reforma Apostólica, para levantar doctrinas fuera de contexto, colocándose ellos como el fundamento principal para la fundación de la nueva iglesia. Toda vez que el fundamento no es la persona y su obra, sino la enseñanza impartida por hombres ungidos con la autoridad de Dios, a través de la revelación divina.

En realidad, lo que este texto señala como contexto es: la elaboración del plan de Dios, usando a hombres como instrumentos en la formación del plan eterno; antes y después de Cristo. Es decir, usando a los profetas en el antiguo testamento y usando a los apóstoles en el nuevo testamento; pero todos inspirados en la misma dirección que es Cristo.

En la actualidad, ya no tenemos apóstoles de este rango. Este ministerio terminó cuando quedó echado el fundamento de la iglesia, completándose el canon bíblico con la revelación final entregada al anciano apóstol exiliado en la pequeña isla de Patmos, cerca del año 95 de nuestra era.

Portanto, los profetas y apóstoles testamentarios tenían como misión fundamental el colocar los cimientos de la iglesia de Cristo. Recibir y declarar la revelación de la Palabra de Dios y dar testimonio de su verdad mediante señales, prodigios y milagros. Siempre apuntando al fundamento verdadero que es nuestro Señor Jesús.

No existe otro fundamento.

> *Porque nadie puede poner otro fundamento que el que está puesto, el cual es Jesucristo.*
> *1 Corintios 3:11*

Es evidente que después de algún tiempo, dejarían de existir estos apóstoles, una vez cumplidos sus objetivos puntuales de levantar las bases de la iglesia.

Al igual que los profetas del antiguo testamento, que desaparecieron una vez cerrado el canon vetero-testamentario; los apóstoles fundacionales también desaparecerían. Lo cierto es que, solamente Cristo levantó a sus apóstoles.

Por tanto, el levantar apóstoles u ordenarse profetas por sí mismo, es una blasfemia a Dios ya que están usurpando el lugar de Cristo.

En la actualidad, estos hombres que se levantan como nuevos apóstoles, proclaman que el Señor ha restaurado este ministerio y afirman que Jesús personalmente los ha confirmado en este llamamiento.

También sostienen que han recibido una medida de unción similar o superior a la de los doce. Declaran poseer un entendimiento sobrenatural que supera al pastor o a cualquier liderazgo de la iglesia tradicional. Aseguran que esta sabiduría recibida, tiene como objetivo, traer a la tierra los verdaderos diseños que Dios preparó para su iglesia; ya que ahora, estos valientes hombres tienen la capacidad de recibirlos y ejecutarlos como el Señor siempre quiso.

Todo lo anterior, con el propósito de poner nuevos fundamentos para restaurar la Iglesia Cristiana, que según afirman, ha perdido el rumbo y que con estos nuevos ungidos la iglesia de Cristo encontrará el camino correcto.

Ellos afirman, que ahora sí, se ejecutarán correctamente los diseños que Dios tiene para su iglesia, a través de la restauración de la adoración, la alabanza, la evangelización y todas las áreas de la iglesia, para finalmente apuntar a obtener el dominio y el control de todas las naciones, y luego que esto sea cumplido; Cristo pueda volver.

No es difícil creer que Cristo viene pronto, ya que estas falsas doctrinas se están levantando al interior de las iglesias cristianas, atacando la mente de los creyentes.

Las sectas y las falsas religiones son elementos externos a la iglesia cristiana, por tanto, fácilmente identificables. Sin embargo, este modelo reformador viene desde el interior de la iglesia y presa de esto serán las personas que no conocieron verdaderamente a Cristo.

¿Esta nueva revelación apostólica, puede sustituir la verdadera revelación ya entregada a través de las Escrituras?

¿Puede competir la una con la otra? ¿Podemos recibir revelación fresca que no conoció Pedro ni Pablo ni Elías?

¿El Espíritu Santo ha perdido el control de la Iglesia y ahora será corregida por hombres?

El resultado que obtendrá este movimiento es, que en un corto plazo, la congregación comience una dependencia total hacia ellos, ya que aseguran ser los poseedores de los verdaderos diseños que Dios tiene para la iglesia.

Hoy sabemos que la Palabra de Dios habla directamente a sus hijos y no requiere de intermediarios para cumplir sus objetivos.

La falta de conocimiento y la negación a escudriñar las Escrituras y a estudiar seriamente la Palabra, conlleva a creer estas nuevas verdades falsificadas.

Lamentablemente, un gran número del pueblo de Dios, se ha dejado seducir por estas fábulas apostólicas, convencidos que la Iglesia de Jesús necesita de estos nuevos líderes para sobrevivir; cuando sabemos que es Cristo el Señor y sustentador de su Iglesia.

*Pero vosotros tenéis la unción del Santo,*
*y conocéis todas las cosas.*
*1Juan 2:20*

## CAPITULO 3

Porque vendrá tiempo cuando no sufrirán la sana
doctrina, sino que teniendo comezón de oír,
se amontonarán maestros conforme a sus propias
concupiscencias, y apartarán de la verdad el oído
y se volverán a las fábulas.
2 Timoteo 4:3-4

# TEOLOGÍA DEL REINO AHORA

Entre otras doctrinas neo-apostólicas, encontramos la denominada: "Teología del Reino Ahora o Dominionismo".

Ya mencionamos la teología de la restauración y dentro de éste mismo principio, estos teólogos, enseñan que la iglesia cristiana ha entrado en su etapa final y se le ha concedido restaurar todas las áreas, por lo que esta iglesia debe comenzar a reinar el mundo a través de la poderosa unción de sus nuevos apóstoles, derrotando a Satanás y sus obras.

Todo lo anterior, con el propósito de que, una vez dominadas todas las naciones de la tierra, Cristo vuelva y tome posesión de su reino.

Esta visión de reino, está adornada de gran avivamiento y espiritualidad sobrenatural, apuntando hacia la conquista y el dominio de todas las naciones. Todo esto, a través de una reforma apostólica mundial.

Esta es la visión postmilenialista del reino de Jesús en la tierra. Es decir, ellos enseñan que la segunda venida de Cristo, será después del reino milenial o milenio.

En síntesis, ellos declaran que llegó el momento de un gran avivamiento mundial, por lo que será necesario reunir a todas las denominaciones en una sola doctrina y esto incluye la fusión de otras religiones que reconocen total o parcialmente a Jesús. Olvidándose del verdadero evangelio de la salvación por gracia.

Es importante entender que, aquellos que creen esta visión de reino, se preparan para trabajar hasta dominar toda la tierra en el nombre de Cristo. Planean reinar a través de sistemas de gobierno y la creación de nuevas leyes de carácter religioso, logrando introducirse en todas las áreas de la vida y la política. Así tomar el control de lugares estratégicos para llevar a la práctica el gobierno de Dios en la tierra. Es decir, establecer el reino de Cristo en esta tierra corrupta y decadente.

Esperan someter incluso a las potestades del mal, derrotando al diablo y a la muerte.

Conocidos son los ejemplos de iglesias apostólicas que entierran estacas y Biblias, decretando dominio sobre ciertos territorios y demonios asignados a esos lugares.

Este grupo de personas pretende convencernos que la iglesia evangélica por siglos ha estado sometida a errores doctrinales y que; por su religiosidad, no ha recibido la luz de la nueva revelación apostólica. Por lo que, pretenderán instaurar algo así como una teocracia mundial. Es decir, la iglesia reinando y dominando toda la tierra, hasta poner a los enemigos de Cristo bajo sus pies, para que una vez instaurado este nuevo orden religioso, Cristo vuelva.

Pero, no toman atención cuando el Señor mismo dijo: que los postreros días de este mundo serían tiempos peligrosos y apóstatas. Jamás declaró que estos últimos tiempos serían gobernados por su iglesia.

> *Nadie os engañe en ninguna manera; porque no vendrá sin que antes venga la apostasía, y se manifieste el hombre de pecado, el hijo de perdición.*
>
> *2 Tesalonicenses 2:3*

Para creer en la nueva teología del Reino Ahora, debemos olvidarnos por completo de las verdades bíblicas fundadas en las sagradas Escrituras, tales como: el arrebatamiento, la apostasía, el milenio, la restauración de la nación de Israel; el anticristo, la falsa iglesia y el falso profeta o la segunda venida de Cristo, entre otras.

## ESCUDRIÑANDO LAS VERDADES FUNDAMENTALES

Si esta nueva iglesia apostólica reformada, sale a conquistar el mundo hasta dominarlo; entonces, ¿Cuándo ocurrirán los sucesos antes mencionados?

¿Es la iglesia la que restaurará todas las áreas de la vida y entregará el reino a Cristo?

Las respuestas las encontramos escudriñando las verdades fundamentales y los principios bíblicos de la sana doctrina.

Para responder algunas de éstas interrogantes, analizaremos brevemente el contexto bíblico de los sucesos del tiempo del fin y la segunda venida de Cristo a la tierra; para aclarar dudas y dejar en evidencia que es imposible instaurar el reino milenial de Jesús antes de su venida.

Una de las señales más notorias, antes de la venida de nuestro Señor Jesucristo, es la predicación de su evangelio en todos los lugares de este planeta y esto no se refiere al establecimiento de un reino mesiánico terrenal, sino un llamado final al arrepentimiento y la conversión.

> *Y será predicado este evangelio del reino en todo el mundo, para testimonio a todas las naciones; y entonces vendrá el fin.*
>
> *Mateo 24:14*

Al hacer un breve repaso por la escatología cristiana, encontramos entre los sucesos más importantes, el evento conocido como: "el arrebatamiento de la iglesia de Cristo".

Esta es la primera etapa de la Segunda Venida de Cristo. En este suceso, Jesucristo regresa a la tierra para resucitar primeramente a los muertos en Cristo y luego tomar consigo a los verdaderos cristianos que estén vivos; arrebatándolos y transformándolos a un cuerpo inmortal y glorioso, sacándolos repentinamente de esta tierra.

> *Porque el Señor mismo con voz de mando, con voz de arcángel, y con trompeta de Dios, descenderá del cielo; y los muertos en Cristo resucitarán primero. Luego nosotros los que vivimos, los que hayamos quedado, seremos arrebatados juntamente con ellos en las nubes para recibir al Señor en el aire, y así estaremos siempre con el Señor.*
>
> *1 Tesalonicenses 4:16-17*

En los cielos, los cristianos sacados de la tierra, comparecerán ante el tribunal de Cristo para recibir sus recompensas. Este no es un tribunal para aplicar condenación, ya que todos los comparecientes serán cristianos realmente convertidos a Cristo. Luego, se llevará a cabo la celebración de las bodas del Cordero, junto a su Iglesia amada *(1 Corintios 3:14-15)*.

Seguido de esto, inmediatamente sobrevendrá en la tierra; siete años de "gran tribulación".

La Tribulación, es el evento que sigue al arrebatamiento de la iglesia de Cristo y se refiere a la manifestación del Anticristo, la Bestia y del Falso Profeta; con milagros y maravillas en la tierra, proporcionando tres años y medio de paz y otro tiempo igual, de gran persecución y muerte.

En este tiempo, los perdidos serán marcados con el sello de la Bestia, en sus manos o en sus frentes. También la ira de Dios será derramada sobre la tierra, a través de las copas de ira y las diferentes plagas. Seguidamente, el diablo juntará a todas las naciones en el *monte Meguido, que en hebreo es: har-megiddon* o Armagedón; para destruir al pueblo de Israel. Sin embargo, los judíos serán salvados por Jesucristo. El falso profeta y la bestia, serán lanzados al Lago de Fuego y Satanás será encadenado por mil años.

La Escritura nos enseña, que en la segunda venida de Cristo a la tierra, Jesús vendrá desde los cielos montado en un caballo blanco, para derrotar a sus enemigos en la batalla del Armagedón y establecer su reino de mil años sobre ésta tierra; y habrá paz, prosperidad y justicia.

> *E inmediatamente después de la tribulación de aquellos días, el sol se oscurecerá, y la luna no dará su resplandor, y las estrellas caerán del cielo, y las potencias de los cielos serán conmovidas.*
>
> *Entonces aparecerá la señal del Hijo del Hombre en el cielo; y entonces lamentarán todas las tribus de la tierra, y verán al Hijo*

> *del Hombre viniendo sobre las nubes del cielo, con poder y gran gloria.*
>
> *Mateo 24:29-30*

> *Entonces vi el cielo abierto; y he aquí un caballo blanco, y el que lo montaba se llamaba Fiel y Verdadero, y con justicia juzga y pelea.*
>
> *Apocalipsis 19:11*

Satanás será apresado y encadenado por mil años, para que Jesús reine sobre la tierra juntamente con todos sus santos. En este momento, comienza el reino de paz y seguridad; de santidad y justicia conocido escatológicamente como: “el milenio”.

Este es el premilenialismo bíblico, es decir, la segunda venida de Cristo será antes del milenio; como lo enseña la Escritura.

> *Y vi tronos, y se sentaron sobre ellos los que recibieron facultad de juzgar; y vi las almas de los decapitados por causa del testimonio de Jesús y por la palabra de Dios, los que no habían adorado a la bestia ni a su imagen, y que no recibieron la marca en sus frentes ni en sus manos; y vivieron y reinaron con Cristo mil años.*
>
> *Apocalipsis 20:4*

Al terminar este periodo de mil años, el diablo volverá a ser libertado para engañar a las naciones, con el propósito de destruir la ciudad de Jerusalén; pero, Dios lo destruirá y finalmente Satanás será echado al lago de fuego para siempre.

Es lamentable concluir, como después del reinado de Cristo por mil años, Satanás logró engañar a muchos *(Apocalipsis 20:7-8).*

Posteriormente, vendrá el "Gran Juicio del Trono Blanco". En este momento, ocurrirá la resurrección de quienes murieron en condenación. Los que nunca aceptaron la salvación de Cristo.

El propósito de este juicio será mostrar a cada uno sus obras, a fin de que todos vean la justicia de Dios. Este Juicio será dirigido por Cristo, con la autoridad que Dios le ha dado para juzgar a los vivos y a los muertos.

Finalmente, la tierra y el cielo serán destruidos y en los cielos y tierra nueva descenderá la ciudad amada; La Nueva Jerusalén y en ella el trono de Dios y del Cordero.

> *Vi un cielo nuevo y una tierra nueva; porque el primer cielo y la primera tierra pasaron, y el mar ya no existía más. Y yo Juan vi la santa ciudad, la nueva Jerusalén, descender del cielo, de Dios, dispuesta como una esposa ataviada para su marido.*
>
> *Apocalipsis 21:1-2*

Todos estos eventos bíblicos mencionados, se contradicen con la falsa teología del Reino Ahora o Dominionismo.

Para los nuevos apóstoles, estos acontecimientos no existen, ya que según afirman, el reino de Dios llegó a la tierra con la ascensión de Jesús a los cielos, negando los principios bíblicos analizados. Señalan que son temas ya acontecidos o calificándolos de alegorías y metáforas, logrando torcer las verdades para enseñar una ficción, sin entregar un respaldo claro de lo que creen. Lo real es que la Biblia entrega el conocimiento necesario para creer que estos eventos se cumplirán, porque así lo ha dicho Dios.

¿Cuántos cimientos necesitará la santa ciudad ahora, para inscribir a los actuales apóstoles?

> *Y el muro de la ciudad tenía doce cimientos, y sobre ellos los doce nombres de los doce apóstoles del Cordero.*
>
> *Apocalipsis 21:14*

## ¿CRISTO ESTÁ RETENIDO?

Estos hombres argumentan como doctrina: que Cristo está retenido en el cielo y se le permitirá volver a la tierra, cuando la iglesia cumpla con el propósito de restaurar todas las cosas; todo esto basado en el pasaje bíblico de Hechos 3:20-21.

> *Y él envíe a Jesucristo, que os fue antes anunciado; a quien dé cierto es necesario que el cielo reciba hasta los tiempos de la restauración de todas las cosas, de que habló Dios por boca de sus santos profetas que han sido desde tiempo antiguo.*
>
> *Hechos 3:20-21*

En la actualidad, existe un progresivo aumento de la maldad y del pecado en este mundo. Las nuevas generaciones, nacen y viven sin Dios. Sin embargo, estos maestros enseñan fábulas sin sentido y sacadas de su verdadero contexto.

Considerando este panorama mundial, vemos como estos nuevos movimientos se preparan para una larga tarea. Esto significa que para ellos, Cristo aun no puede venir, ya que deben cambiar este mundo hasta dominarlo completamente. Por tanto, entendemos que se olvidaron de su pronta venida y realmente lo tienen por tardanza, como lo enseña la sana doctrina bíblica.

Estos hombres, se tomarán el tiempo hasta para salir a conquistar el mundo. Buscarán establecer un sistema de gobierno teocrático, cuyo cumplimiento de las leyes estará por sobre la dispensación de la gracia de Dios.

Un reino establecido debe tener a su rey presente.

El Señor jamás declaró que los últimos tiempos serían gobernados por su iglesia.

Los verdaderos hijos de Dios, esperamos el reino mesiánico de nuestro Señor.

> *Mas nuestra ciudadanía está en los cielos, de donde también esperamos al Salvador, al Señor Jesucristo; el cual transformará el cuerpo de la humillación nuestra, para que sea semejante al cuerpo de la gloria suya, por el poder con el cual puede también sujetar a sí mismo todas las cosas.*
>
> *Filipenses 3:20-21*

Al contrario de lo que éstos líderes esperan, estas nuevas teologías obtendrán como resultado final; un enfriamiento generalizado de los creyentes que, esperando maravillas y prodigios de manos de sus nuevos padres espirituales, solamente recibirán decepción. Preparando así el escenario propicio para la apostasía.

Sabemos que será en los postreros días, cuando Satanás intentará hacer caer aún hasta los escogidos de Dios, para fundar las bases de la iglesia del anticristo. En consecuencia, debemos estar atentos y no dejarnos engañar por fábulas y falsas doctrinas, que no se sustentan en la Palabra de Dios.

## COSAS QUE OJO NO VIO, NI OÍDO OYÓ

*Antes bien, como está escrito:*
*Cosas que ojo no vio, ni oído oyó,*
*ni han subido en corazón de hombre,*
*son las que Dios ha preparado para los que le aman.*
*1 Corintios 2:9*

# ¿VISIÓN O FICCIÓN?

Este es un pasaje muy utilizado por el nuevo movimiento reformador, para seducir a la audiencia en su énfasis por el tema de la restauración del reino de Cristo: *1 Corintios 2:9*

Con este pasaje sacado de contexto, ellos pretenden convencer a los incautos, que éstas promesas se aplicarán en éstos tiempos y de la mano de sus reformadores apostólicos.

Es importante señalar, como ésta ola apostólica entiende erróneamente este concepto, argumentando que Dios mostrará a la iglesia y al mundo, a través de ellos, grandes cosas que nadie ha visto ni oído jamás.

Este engaño arrastra a los verdaderos apóstoles de Cristo y a hombres que verdaderamente presenciaron las maravillas de Dios.

Cuando el texto dice que ha preparado cosas que nadie vio, significa que ni los apóstoles en Jesús las vieron.

¿Qué cosas se revelarán hoy, a través de estos nuevos apóstoles y que los anteriores nunca vieron? ¿Serán cosas que hoy, Pedro o Juan se sorprenderían al ver a estos hombres en acción?

¿Qué cosas no vio Elías; si recordamos que este hombre vio caer fuego del cielo?

Supuestamente, algo mayor se espera ver a través de estos hombres, que solamente quieren guiarnos hacia la prosperidad y al éxito que el cristiano merece.

Sin embargo, el contexto de este pasaje establece el entendimiento de cosas espirituales, reservadas solamente para los hijos de Dios.

Únicamente los hijos podemos recibir a través del Espíritu Santo, toda la sabiduría, el conocimiento y la enseñanza que Dios tiene para nosotros.

Estas son las cosas que el mundo no puede esperar, porque el mundo tiene el espíritu del hombre y no el Espíritu de Dios.

Por tanto, debemos entender que este pasaje habla de algo que Dios ha preparado para sus hijos en el reino venidero y solamente nosotros lo podemos entender y discernir. El mundo no lo discierne, puesto que para ellos es considerado locura.

El texto bíblico añade: Cosas que ni oído oyó. Se repite el mismo razonamiento. ¿Qué cosas no escuchó Moisés cuando estuvo en la presencia de Dios y que ahora sí se escuchará a través de estos hombres?

Entonces; esperaremos escuchar y ver algo que nadie jamás ha experimentado.

Es lamentable, como un texto es totalmente sacado fuera de su contexto para enseñar ficción y respaldar falsos postulados, con el fin de ganar seguidores y como resultado: fama y fortuna.

La tarea de Jesús en la tierra en todo sentido es inigualable. Por tanto, si la Palabra enseña acerca de algo que nadie vio ni escuchó, está hablando de maravillas preparadas en el reino celestial para sus hijos. Son cosas que no podemos imaginar; pero sí podemos discernir que serán maravillosas.

Serán maravillas preparadas para los que creen y no se cansaron de esperar.

Que fantasía y vanagloria creer que ellos son los que traerán estas promesas de Dios a nuestras vidas.

Señor te esperamos, ven pronto Señor Jesús.

## CAPITULO 4

*Y no llaméis padre vuestro a nadie en la tierra;*
*porque uno es vuestro Padre, el que está en los cielos.*
*Mateo 23:9*

# TEOLOGÍA DE LA PATERNIDAD APOSTÓLICA

En este pasaje bíblico *(Mateo 23:9)*, el Señor Jesús, enseña a no otorgar o recibir una autoridad espiritual sobredimensionada entre creyentes, sino la que es en su justa medida.

La verdadera cobertura viene del Espíritu Santo; enviada de Dios para toda la congregación de Cristo. Por lo tanto, el creyente y la congregación están bajo los cuidados, guía y protección del Espíritu Santo.

> *El que cree en mí, como dice la Escritura, de su interior correrán ríos de agua viva.*
>
> *Esto dijo del Espíritu que habían de recibir los que creyesen en él; pues aún no había venido el Espíritu Santo, porque Jesús no había sido aún glorificado.*
>
> *Juan 7:38 -39*

En este sentido, el movimiento apostólico ha establecido como base de su estructura: "La Paternidad Apostólica". Este es un lazo de autoridad paternal de gran importancia y está sustentado en la gran medida de unción recibida por el autodenominado apóstol y padre espiritual.

Esta estructura, significa básicamente, obediencia eterna del subordinado hacia el apóstol líder jerárquico y, quien se oponga a recibir este lazo espiritual, será considerado un rebelde a la visión del apóstol ungido y persona no sujeta a Cristo.

También, la persona no sujeta a esta súper cobertura espiritual, según afirman, quedará expuesta a los ataques del diablo.

¿Quién es el ayudador de nuestras vidas; el hombre o nuestro Cristo?

No olvidemos que el verdadero cristiano es guiado y protegido por el Espíritu Santo.

> *Y yo rogaré al Padre, y os dará otro Consolador, para que esté con vosotros para siempre.*
>
> *Juan 14:16*

En términos de estructura, la iglesia local apostólica tiene dos cabezas ordenadas en forma vertical; una sobre otra.

La cabeza de abajo es la figura del pastor de la congregación y la cabeza superior, que está por encima del pastor; será la cabeza del apóstol territorial.

Respaldado en la súper abundante cobertura espiritual que supuestamente ha recibido de Dios, el apóstol paternal, tendrá el control total sobre el pastor y la iglesia.

Este principio definirá finalmente, lo que la congregación deberá creer como doctrina.

La estructura apostólica está organizada de forma estratégicamente territorial, dividiéndose los lugares en: zonas, regiones y naciones, etc. Estas son las llamadas redes apostólicas. Ellos confían en que estas redes crecerán hasta alcanzar el dominio mundial.

Por tanto, las iglesias sujetas a la jurisdicción de un apóstol deberán aceptar nuevas teologías, aunque la Biblia diga lo contrario, ya que estos ungidos son los que establecen la doctrina.

Lo expuesto anteriormente, significa que ya no existirá libertad, convirtiéndose en una iglesia guiada doctrinalmente. Es decir, la congregación será controlada según las nuevas revelaciones que el apóstol declare recibir directamente de Dios, y éstas tendrán como objetivo final, llevar a la iglesia de Cristo hacia la gobernalización del mundo, a través de éstas redes apostólicas.

Esta iglesia neo-apostólica, ya no tendrá como objetivo principal: la evangelización de las almas, sino que ahora el objetivo más importante será: el control territorial apostólico. Olvidándose que el dominio pertenece a nuestro Señor Jesucristo.
Este modelo se asimila a la estructura del catolicismo romano, que cuenta con el vicario de Cristo en la tierra.

En conclusión, este modelo convertirá al sistema eclesiástico en una dependencia apostólica total, acercándose a la adoración del apóstol de oro.

Cuando los hombres levantan nuevas doctrinas están usurpando el lugar de Dios, ya que, es el Espíritu Santo quien habla directamente al creyente a través de la Escritura.

*El que es el mayor de vosotros, sea vuestro siervo. Porque el que se enaltece será humillado, y el que se humilla será enaltecido.*
*Mateo.23:11-12*

## CAPITULO 5

# TEOLOGÍA DE LA PROSPERIDAD Y DEL PODER SOBRENATURAL

*Si, pues, habéis resucitado con Cristo,*
*buscad las cosas de arriba, donde está Cristo*
*sentado a la diestra de Dios. Poned la mira en las*
*cosas de arriba, no en las de la tierra.*
*Colosenses 3:1-2*

¿Podemos poner la mirada en las cosas espirituales de arriba y al mismo tiempo en las cosas temporales de la tierra?

La teología de la prosperidad y del poder sobrenatural, es un pilar fundamental en el funcionamiento de la nueva iglesia apostólica y tiene como principio básico: el sacrificio substituto de Cristo. Esta bendición consiste en recibir literalmente, la promesa de Dios en bendición, salud y éxito únicamente por la declaración de fe. Decretando y visualizando en la mente del cristiano; que todo es posible.

Esta práctica se acerca al entendimiento propio de las religiones de la nueva era.

Ellos enseñan que el creyente, a través de la obra de Cristo en la cruz, puede recibir como herencia toda la bendición del pacto Abrahámico.

> *Y haré de ti una nación grande, y te bendeciré, y engrandeceré tu nombre, y serás bendición.*
> *Bendeciré a los que te bendijeren, y a los que te maldijeren maldeciré; y serán benditas en ti todas las familias de la tierra.*
> *Génesis 12:3*

Este pacto, fue realizado entre Dios y Abraham. El pacto Abrahámico es convenido por el Señor, ratificado a perpetuidad y consiste en una gran promesa de grandeza, protección y bendición a todas las naciones de la tierra.

Sabemos que, el pueblo de Dios muchas veces se apartó del pacto; pero la misericordia de Dios no se agotó y hoy sigue vigente, ya que Dios siempre cumplirá sus promesas.

Un día, este pacto se cumplirá en el pueblo de Israel con la venida del Mesías por su pueblo.

Esta será la reconciliación de este pueblo con su Dios en el reino mesiánico, junto con su amada iglesia injertada a la raíz; Israel.

> *Porque si tú fuiste cortado del que por naturaleza es olivo silvestre, y contra naturaleza fuiste injertado en el buen olivo, ¿cuánto más éstos, que son las ramas naturales, serán injertados en su propio olivo?*
> *Romanos 11:24*

Pero actualmente, estos hombres no entendiendo el verdadero significado, enseñan cómo obtener esta bendición de prosperidad; reprendiendo demonios de pobreza o liberando decretos de riqueza, y sobre todo, sembrando y ofrendando solamente con el propósito de multiplicar la ofrenda invertida. Algo parecido a un mercado de valores celestial. Siempre con resultado positivo al ciento por uno, pero, lejos del propósito que Dios depositó en su maravilloso pacto.

Este tipo de enseñanza desmedida, llevará inevitablemente a la codicia y la ambición.

Efectivamente, la abundancia y la prosperidad material, son temas muy importantes en la doctrina de esta nueva iglesia apostólica. También, el mensaje está dirigido específicamente a desarrollar la ambición y el anhelo de poder sobrenatural en los creyentes, dejando a un lado la figura de Cristo como protagonista. Logrando instalar finalmente al ser humano como el centro de la exaltación.

Esta táctica no es nueva. La encontramos en Edén cuando la serpiente engaña a Adán y Eva, con la seductora oferta de ser iguales a Dios. Esta es una de las ambiciones intrínsecas de todo ser humano. Es decir, la transición de ser un simple humano deficiente y lleno de debilidades; a convertirse en un súper héroe sobrenatural, poseedor de todas las virtudes en Dios y a un costo relativamente barato. Este es el sueño americano espiritual.

Adán y Eva no resistieron la fabulosa "oferta" que recibieron de Satanás. Así también, muchos creyentes conocedores de Dios, se están dejando seducir por esta oportunidad de poseer atributos sobrenaturales, sin pagar un precio por alcanzarlo.

Los verdaderos apóstoles, sufrieron verdaderas penalidades por mantener firmes sus enseñanzas. Nunca se vanagloriaron o se envanecieron con el magnífico poder que Dios colocó en ellos. Así, encontramos a Pablo, rechazando toda sobrevaloración después de ser mordido mortalmente por una serpiente y sobrevivir. El mismo apóstol afirmaba tener un aguijón en la carne para no gloriarse. O tantos otros ejemplos.

Estos héroes de la fe, proclamaron la victoria sobre el pecado y sobre el mundo, a través de Jesucristo.

Los verdaderos creyentes en Cristo, declaramos la victoria sobre el sistema del mundo. No declaramos la victoria sobre los bienes del mundo.

> *Porque todo lo que es nacido de Dios vence al mundo; y esta es la victoria que ha vencido al mundo, nuestra fe.*
>
> *1 Juan 5:4*

Los apóstoles de Cristo, como verdaderos portadores del poder y de la gloria de Dios, no se nublaron de fama. No se convirtieron en maestros de lo sobrenatural, llevando a cabo seminarios, donde se enseña a recibir el poder de lo sobrenatural en tres días.

Pero, hoy vemos como algunos de estos nuevos apóstoles se convierten en hombres millonarios. Amasando grandes fortunas; se olvidaron de los principios fundamentales de la sana doctrina, justificando su posición basada en el mensaje del evangelio de la abundancia.

No es extraño ver en ésta congregación apostólica, el comienzo de una predicación con el uso de algún texto bíblico; pero transcurrido un tiempo, el contexto del tema cambia y el mensaje se concentra básicamente en: cómo poseer dones sobrenaturales o las bendiciones materiales preparadas para los hijos de Dios.

A través de pactos, frases y principios tales como: "el hombre que siembra escasamente cosechará escasamente", esperan extraer de Dios todas las bendiciones materiales que abundan en él.

> *Porque ¿quién soy yo, y quién es mi pueblo, para que pudiésemos ofrecer voluntariamente cosas semejantes? Pues todo es tuyo, y de lo recibido de tu mano te damos.*
>
> *1 Crónicas 29:14*

Desde la antigüedad, todas las religiones levantaron dioses generosos en bendiciones y dádivas; pero condicionados solamente mediante pactos de dinero o sacrificios.

Sin embargo, el pacto con Abraham no tiene condición. Significa que Dios hizo pacto con el hombre y no el hombre con Dios. Por tanto, este pacto para nosotros es hacer su voluntad.

Lo concreto es que nada podemos darle al Señor, ya que todo es suyo y toda negociación, pacto o transacción es inútil. A Dios no debemos pagarle para que actúe en nuestro favor y menos para comprar un milagro.

Debemos pedir al Señor lo necesario, ya que él tiene cuidado de nosotros. Pero, debemos aprender a pedir bien.

> *Si permanecéis en mí, y mis palabras permanecen en vosotros, pedid todo lo que queréis, y os será hecho.*
>
> *Juan 15:7*

> *Pedís, y no recibís, porque pedís mal, para gastar en vuestros deleites.*
>
> *Santiago 4:3*

La teología de la prosperidad traerá como resultado final; miles de personas anhelando ser iguales a sus líderes, olvidándose del verdadero propósito que Dios ha trazado para sus vidas.

En contraste, Pablo advierte a los verdaderos cristianos que; más que anhelar poder y fortuna, debemos prepararnos para la persecución en un mundo que siempre odiará y rechazará a Cristo.

*Y también todos los que quieren vivir piadosamente en Cristo Jesús padecerán persecución;*

*2 Timoteo 3:12*

Estos nuevos apóstoles, se olvidaron de la gracia, de la santidad; de la búsqueda sincera al Señor. Se olvidaron de la evangelización y del llamado a las almas perdidas, al ofrecer una oferta de bienestar y de prosperidad.

Vemos un nuevo evangelio basado en la abundancia y no fundado en la Gracia de Dios. Vemos un nuevo Becerro de oro.

Esta nueva iglesia, predica un evangelio que no puede salvar, ya que el verdadero mensaje de salvación por la gracia, ha sido reemplazado por un atractivo llamado a la satisfacción del hombre. Regularmente se está modificando el mensaje para mostrar un evangelio atractivo.

En lugar de predicar las Buenas Nuevas de salvación, se está llamando a resolver los problemas, cumplir los sueños y a prosperar materialmente. Un mensaje liviano que no lleva almas al arrepentimiento.

Lo más peligroso, es que estos hombres se levantan en el nombre de Dios, enseñando engaños que nacen de sus propias concupiscencias, y todo aquel que crea en estas nuevas teologías, comenzará lentamente a descartar la verdadera Palabra profética más segura; es decir, lentamente se alejará de la bendita Palabra de Dios entregada por revelación.

Usted no puede creer estas falsas teorías anteriormente expuestas y en la sana doctrina al mismo tiempo, ya que ambas enfrentadas entre sí; se contraponen.

Este es el verdadero pacto entre Dios y nosotros. Guardar su Palabra para siempre y hacer su voluntad.

> *Y este será mi pacto con ellos, dijo Jehová: El Espíritu mío que está sobre ti, y mis palabras que puse en tu boca, no faltarán de tu boca, ni de la boca de tus hijos, ni de la boca de los hijos de tus hijos, dijo Jehová, desde ahora y para siempre.*
>
> *Isaías 59:21*

## DECLARANDO Y DECRETANDO

El nuevo mover apostólico usa como principio fundamental: "La victoria de Cristo restauradora de todas las cosas", por tanto, creen que esta bendición también ha restaurado la autoridad del ser humano desde su condición anterior en Edén como administrador del reino de Dios.

Este pasaje de *Génesis 1:28,* es muy utilizado para justificar esta teoría neo-apostólica:

> *Y los bendijo a Dios, y les dijo: Fructificad y multiplicaos; llenad la tierra, y sojuzgadla, y señoread en los peces del mar, en las aves de los cielos, y en todas las bestias que se mueven sobre la tierra.*
>
> *Génesis 1:28*

Ellos afirman que llegó el momento de sojuzgar la tierra, decretando en el nombre de Cristo, el cumplimiento de propósitos y deseos del hombre. Es decir, actuando como pequeños dioses.

Esta posición coloca al creyente por encima del Señor, relegando a Dios al papel de un genio o de un servidor que está a disposición del ser humano.

Vemos que esta enseñanza no tiene un concepto bien definido de soberanía. En este caso, actúa la soberanía del ser humano.

Todo lo anterior, basado en la teoría de la gran autoridad y control que la iglesia neo-apostólica está recuperando sobre la tierra.

Estos teólogos olvidaron que la victoria de Cristo, reconcilió al hombre con su Creador y no al hombre con la creación.

En contraste, la Biblia enseña que Dios usa al creyente y no es correcto ver al Espíritu Santo como un servidor que se pone en acción con cada decreto o declaración emitida por la autoridad humana. Esta visión exalta la figura humana por sobre la soberanía de Dios.

Al contrario, el Espíritu capacita al creyente para hacer la voluntad de Dios.

Sin embargo, estos nuevos líderes apostólicos, sostienen que debemos aspirar a ser gobernadores, políticos, hombres con poder económico, presidentes de la republica y aspirar a nuevos niveles espirituales y materiales, ya que todo esto es posible, basado en este principio de la soberanía de Dios al servicio humano.

*Jehová estableció en los cielos su trono,*
*Y su reino domina sobre todos.*
*Salmo 103:19*

## CAPITULO 6

# OTRAS TEOLOGÍAS NEO-APOSTÓLICAS

### TEOLOGÍA DEL MUNDO ESPIRITUAL

Para este nuevo mover apostólico, el diablo y el mundo espiritual de maldad, son protagonistas importantes en el desarrollo de la iglesia. Para ellos, las huestes de maldad cumplen un rol importantísimo, por un lado, para conseguir atemorizar a los fieles, haciéndoles creer que si no se someten a la autoridad apostólica, estarán expuestos a inminentes ataques satánicos.

Por otro lado, estos nuevos ministerios apostólicos, ocupan gran parte de su tiempo descubriendo y atrapando espíritus malignos, con el fin de liberar a la congregación de posibles ataques demoniacos, enseñando que un verdadero hijo de Dios, puede ser poseído por demonios.

Totalmente falso. No olvidemos que el verdadero cristiano es guiado, sellado y protegido por el Espíritu Santo.

> *En él también vosotros, habiendo oído la palabra de verdad, el evangelio de vuestra salvación, y habiendo creído en él, fuisteis sellados con el Espíritu Santo de la promesa,*
>
> *Efesios 1:13*

Esta autoridad apostólica, según afirman, será la única que mantendrá a la iglesia alejada de las acechanzas del diablo, ya que estos padres espirituales estarían preparados para detectar demonios en todas las áreas, con la capacidad de clasificarlos y someterlos según su especie.

En consecuencia, muchos evangélicos se dejarán engañar por seducción o temor, alejándose definitivamente de la sana doctrina, comenzando a vivir una vida cristiana de tormento, ante la posibilidad de tener un encuentro con el maligno.

> *El cual nos ha librado de la potestad de las tinieblas, y trasladado al reino de su amado Hijo,*
>
> *Colosenses 1:13*

Como ejemplo, enseñan que si una persona se rebela contra el apóstol paternal; esa persona tiene el espíritu de Jezabel (mujer que se rebeló contra la autoridad del rey para tomar el control del gobierno). Si otra persona peca contra su padre apostólico, ambicionando su posición en la estructura; según ellos, esta persona tendrá el espíritu de Absalón (hijo del rey David que quiso autoproclamarse rey), entre otros fenómenos.

Para esta nueva iglesia apostólica, todo lo que signifique examinar o cuestionar sus doctrinas, será considerado como posesión demoniaca contra la persona que ha planteado dudas.

No tienen la capacidad de respaldar sus creencias con argumentos bíblicos. Este es un traje a la medida para esta nueva dictadura apostólica.

En este nuevo orden religioso, no existe la pobreza material, la enfermedad y el dolor en los cristianos, ya que el reino terrenal de Dios, es un lugar de poder sobrenatural, de abundancia y de gran bendición. Todo lo anterior, basado en su particular visión de reino y del mundo espiritual.

Entonces, si algún miembro de la iglesia no está pasando por un buen momento espiritual, físico o material; esta persona será considerada como alguien espiritualmente inferior, e indigno de pertenecer al reino de Dios.

Para ellos, el estado de dolor y de fatiga espiritual se contradice con sus enseñanzas de poder y victoria sobrenatural. Por tanto, los hermanos débiles o enfermos, serán considerados como personas que han sido presa de las acechanzas del diablo.

Sin embargo, no debemos olvidar como La Biblia enseña que todos seremos probados y que pasaremos por el día de la angustia y el valle de sombras; pero siempre con el santo propósito de ser purificados y de ser fortalecidos como el oro.

*En lo cual vosotros os alegráis, aunque ahora por un poco de tiempo, si es necesario, tengáis que ser afligidos en diversas pruebas, para que sometida a prueba vuestra fe, mucho más preciosa que el oro, el cual aunque perecedero se prueba con fuego, sea hallada en alabanza, gloria y honra cuando sea manifestado Jesucristo.*

*1 Pedro 1:6-7*

## TEOLOGÍA DEL REEMPLAZO

*De la higuera aprended la parábola: Cuando ya su rama está tierna, y brotan las hojas, sabéis que el verano está cerca.*

*Mateo 24:32*

Otra de las teorías adoptadas por este nuevo mover es: "La Teología del Reemplazo".

Esta posición enseña que la iglesia cristiana ha reemplazado a la nación de Israel en el plan de Dios.

Los partidarios de esta teoría, creen que Israel dejó de ser el pueblo escogido de Dios y que muchas de las promesas hechas a Israel encontradas en la Biblia, ya se cumplieron en la iglesia cristiana.

También niegan la restauración de la nación de Israel; la que ya ha sido profetizada.

Además, sostienen que Israel por su incredulidad ha sido reemplazado y que los judíos fueron desechados por Dios para siempre. Ellos mismos afirman que Israel ya no es el reloj de Dios.

Tal como Jesús lo anunció, la higuera representa a la nación de Israel. Este pueblo volvió a su tierra en 1948, para que Dios comenzara a cumplir su plan profético de restauración con esta nación. Por tanto, fue profetizado el cumplimiento de estos acontecimientos como señal; antes de la segunda venida del Mesías.

Hoy, Israel nuevamente es rama verde y tierna, ya que ha renacido de la mano de Dios. Esta es una gran señal del regreso de Cristo.

Sabemos que luego del arrebatamiento de la iglesia de Cristo, comenzará la última semana profetizada por Daniel (Daniel 9:20), donde el pueblo de Israel, será preparado a través de la gran tribulación.

La iglesia no ha reemplazado a Israel en el plan divino. En estos tiempos de la dispensación de la gracia, el Señor se ha dedicado a desarrollar su iglesia; pero Dios no se ha olvidado de su pueblo Israel y un día será restaurado para sus santos propósitos.

> *Porque no quiero, hermanos, que ignoréis este misterio, para que no seáis arrogantes en cuanto a vosotros mismos: que ha acontecido a Israel endurecimiento en parte, hasta que haya entrado la plenitud de los gentiles; y luego todo Israel será salvo, como está escrito: Vendrá de Sion el Libertador, que apartará de Jacob la impiedad.*
>
> *Romanos 11:25-26*

## LA TERCERA REFORMA APOSTÓLICA

El movimiento de reforma apostólica, sostiene que a través de la historia de la iglesia existieron tres importantes reformas.

Primero, encontramos la reforma protestante, iniciada por Martin Lutero. Ellos añaden que esta primera reforma, trajo a Cristo como protagonista, por lo tanto, la titulan como: "la Reforma del Hijo".

Posteriormente encontramos en la historia, lo que para muchos es la segunda gran reforma llevada a cabo en los inicios del siglo XX, conocida como: la reforma pentecostal.

En los primeros años de ese siglo, se introdujo el avivamiento pentecostal en todo el mundo, basado en el derramamiento del Espíritu Santo en la iglesia, evocando lo que ocurrió el día de pentecostés. Este episodio histórico, dio inicio a la denominación pentecostal.

El mover apostólico señala que esta fue: "la Reforma del Espíritu Santo".

Ahora, en los inicios del siglo XXI, ellos afirman que ha llegado el tiempo de la "Tercera Reforma Apostólica", también calificada como: "La Reforma del Padre".

Sostienen que esta es la última reforma antes del fin de los tiempos y en ella Dios ha decidido entregar a los padres espirituales las revelaciones y el alimento espiritual para la iglesia. Es decir, ya no existirá alimento espiritual para los hijos de

Dios, sino que éste alimento vendrá únicamente a través de los nuevos apóstoles.

Para apoyar esta ficción, argumentan que en los tiempos antiguos, Dios hablo solamente a los padres, ya que tenían más entendimiento y eran maduros.

Esta teoría la justifican mediante el siguiente texto de Hebreos 1:1

> *Dios, habiendo hablado muchas veces y de muchas maneras en otro tiempo a los padres por los profetas,*
>
> *Hebreos 1:1*

Otro Texto sacado de contexto, lo encontramos en el libro de Mateo 11:27. Este pasaje es muy utilizado para enseñar que Cristo desea revelar únicamente a quien él quiere. Es decir, afirman que Jesús quiere revelar solamente a perfectos, las nuevas revelaciones para el final de los tiempos:

> *Todas las cosas me fueron entregadas por mi Padre; y nadie conoce al Hijo, sino el Padre, ni al Padre conoce alguno, sino el Hijo, y aquel a quien el Hijo lo quiera revelar.*
>
> *Mateo 11:27*

Estudie usted estos pasajes y examínelos en su verdadero contexto. Entonces comprenderá las intenciones de estos teólogos que diseñan y argumentan ficción sin sentido.

Debemos recordar que Dios nos ha enviado a la persona del Espíritu Santo, quien nos capacitará y enseñará todas las cosas. El "*parakletos*", que traducido es "consolador" y significa: "uno llamado al lado de otro para ayudar". Este parakletos tomó el lugar de Cristo cuando él regresó a su Padre, además, ayudó a los discípulos dándoles la virtud para testificar de su Señor, recordando todo lo que Jesús les enseñó.

Actualmente, el Espíritu Santo nos bautiza, nos regenera e introduce en el cuerpo de Cristo. Es el mismo que viene a morar en nosotros fortaleciéndonos.

El Espíritu Santo nos guiará a toda verdad y glorificará a Cristo. Este Espíritu es la gran compensación por la ascensión de Jesús.

Esta tercera persona de la Trinidad, nos capacita a través de dones sobrenaturales para la edificación de su iglesia, para llevar fruto y dar testimonio a los hombres de la gloria y el poder de Dios, a través del testimonio y la evangelización.

> *Pero la unción que vosotros recibisteis de él permanece en vosotros, y no tenéis necesidad de que nadie os enseñe; así como la unción misma os enseña todas las cosas, y es verdadera, y no es mentira, según ella os ha enseñado, permaneced en él.*
>
> *1 Juan 2:27*

En el siguiente capítulo, analizaremos la posición neo-apostólica en el área de la guerra espiritual. Recordemos que la Biblia no entrega mayor conocimiento acerca de estos temas. Sin embargo, algunas de estas nuevas iglesias adoptaron conceptos erróneos como si fueran bíblicos, cuando en realidad no lo son.

## CAPITULO 7

# GUERRA ESPIRIRUAL

*Porque no tenemos lucha contra sangre y carne,*
*sino contra principados, contra potestades,*
*contra los gobernadores de las tinieblas de este siglo,*
*contra huestes espirituales de maldad*
*en las regiones celestes.*
*Efesios 6:12*

### DESTRUCCIÓN DE FORTALEZAS

Dios ha revelado en su Palabra, todo el conocimiento que consideró apropiado para nosotros y por tanto, debemos estar conformes con lo que él nos ha entregado a través de la Biblia.

Así, entendemos que no existe mucha información en las Escrituras respecto al tema de guerra espiritual. Sin embargo, algunas iglesias adoptaron conceptos como bíblicos; pero que en realidad, no lo son.

Esta desinformación produce enseñanzas erróneas acerca del controversial tema de la guerra espiritual.

Es frecuente encontrar en las iglesias cristianas distintas teorías, técnicas y procedimientos para llevar a cabo rituales etiquetados como sesiones de liberación, exorcismos o rituales secretos, entre otros. Todos ciertamente muy misteriosos.

Muchos de estos conocimientos, son prácticas aprendidas que se transmiten de maestros a discípulos y con un componente en común: el escaso fundamento bíblico en las prácticas que se llevan a cabo.

En la actualidad, existe toda clase de errores en las iglesias cristianas producto de la ignorancia respecto de estos temas.

Satanás y sus demonios son una realidad y actualmente operan en este mundo físico a base de mentira y maldad. De hecho, Jesús lo llama: "el príncipe de este mundo".

También, Pablo describe el mundo espiritual de maldad como: gobernadores de las tinieblas de este siglo o como huestes espirituales de maldad en las regiones celestes.

Hoy Satanás se viste como ángel de luz y sus engaños se muestran de formas atractivas para el neófito ser humano, tales como: la inmoralidad sexual, el ateísmo; las sectas, las falsas religiones y muchos conceptos que hoy se transforman en modas, cobrando víctimas día tras día en el ámbito espiritual.

El diablo ya no se viste de serpiente para introducir engaños, sino que infiltra sus planes a través de conceptos que el mundo abraza como actuales y modernos.

Los mensajes de Satanás, se presentan como ideas seductoras y agradables para los oídos del mundo. Estas ideas entran en las vidas de forma muy natural y las personas abren voluntariamente las puertas de su vida a las ideas del maligno, adoptando falsos ideales que se levantan contra la verdad de Dios.

Así también nace el pecado en el hombre. Nace de pensamientos que se alojan en su mente hasta convertirse en acción. Estos pensamientos comienzan a trabajar y a dirigir la voluntad de las personas, hasta llevarlo finalmente a la acción de ese pensamiento, es decir, al pecado.

> *Entonces la concupiscencia, después que ha concebido, da a luz el pecado; y el pecado, siendo consumado, da a luz la muerte.*
>
> *Santiago 1:15*

En consecuencia, estas ideas malignas invaden los pensamientos de la persona. Comenzando a dirigir su voluntad, hasta llevar a cabo la acción del pecado y el alejamiento definitivo de todo lo que represente a Dios.

El ser humano, queda atrapado en ideologías que traen como consecuencia la condenación eterna de su alma, alejándolo de Dios, e incluso llenando su corazón de un espíritu de rebelión contra todo lo que significa Dios.

Mientras tanto, los sistemas del mundo y sus perspectivas ideológicas, alimentan este espíritu de rebelión que existe en el ser humano.

Sabemos que Satanás se presenta de formas cotidianas e invisibles. Así, sus ideas son recibidas como corrientes de pensamiento aceptable a la evolución humana. También sabemos que se disfraza como ángel de luz, utilizando apariencia de falsos sistemas de religión y de falsas enseñanzas. Todo basado en mentiras. Considerando que el diablo es el "padre de toda mentira".

Pueden ser víctimas de los engaños del diablo; el mundo y las personas que alguna vez conocieron los caminos del Señor, pero que hoy están apartados, para ir en pos de los deleites del mundo.

Sin embargo, lo único que puede vencer a Satanás y sanar la ceguera espiritual producida por sus engaños, es la luz de Cristo a través de su Palabra.

Cristo nos enseñó que la mentira se combate con la verdad.

Encontramos en el episodio de la tentación de Jesús en el desierto, cómo el diablo atacó a Jesús utilizando medias verdades y palabras de Dios sacadas de contexto.

Pero, vemos como Jesús contraatacó exponiendo la verdad de manifiesto. La Palabra de Dios no adulterada.

Existe una gran guerra contra entidades de maldad, pero ésta guerra es espiritual y no carnal, es decir, la lucha no es contra las personas y sus falsas doctrinas, sino contra quien ha planificado el mal detrás de las personas. Este es Satanás, el diablo.

Aunque esta guerra tiene sus repercusiones en el mundo material, su origen radica en el mundo espiritual. Efectivamente, esta guerra no se puede pelear en este ámbito físico, sino en lo espiritual; pero es Dios quien da la batalla por nosotros.

Las estrategias de Satanás, comienzan en el jardín del Edén y continúan en la actualidad. El maligno ya no viene disfrazado de serpiente, sino que hoy adopta formas cotidianas y comunes, tales como: ideologías y creencias religiosas o nuevos conceptos que acaparan la atención de las sociedades de este mundo.

Para enfrentar estas amenazas, no podemos luchar con nuestras propias fuerzas. Por tanto, necesitamos manejar armas poderosas que puedan ser efectivas en ese mundo espiritual. Armas poderosas en Dios para destruir las obras de maldad.

Jesús realizó grandes liberaciones, milagros y señales, e instruyó a sus discípulos para que en su nombre también sanaran enfermos y expulsaran demonios.

Es necesario realizar este tipo de intercesiones para llevar sanidad al pueblo de Dios y en ocasiones, para dar liberación espiritual a personas atormentadas por el diablo, que no han recibido a Cristo.

En este ámbito, se destaca el movimiento pentecostal, que pone su énfasis en el bautismo del Espíritu Santo. También, el pentecostalismo acepta las manifestaciones del Espíritu de Dios, tales como, señales, prodigios, milagros y dones sobre el creyente, para la edificación de la iglesia y testimonio a los incrédulos; en contraste con otras denominaciones históricas (Bautistas, Luteranos, entre otras).

Estas virtudes espirituales, son ejecutadas únicamente cuando el Espíritu Santo usa a un siervo como instrumento.

Mientras Satanás lleva a cabo la silenciosa labor de engañar al mundo a nivel de doctrinas y teologías falsificadas (lo que la Biblia llama las fortalezas), algunas iglesias dedican su tiempo a la caza de espíritus.

En este contexto, encontramos a la nueva iglesia apostólica reformada, adoptando la creencia de que ellos están llamados a descubrir, clasificar y someter a todos los demonios, convirtiéndose en verdaderos cazadores de espíritus malignos. Seguramente con el objetivo de eliminarlos o someterlos; labor que llevará a cabo nuestro Señor Jesucristo.

El apóstol Pablo nos enseña acerca de este tema:

*Porque las armas de nuestra milicia no son carnales, sino poderosas en Dios para la destrucción de fortalezas,*

*2 Corintios 10:4*

La Palabra de Dios, nos identifica como una milicia armada y poderosa para asaltar y destruir grandes fortalezas. La escritura expresa como fortalezas a los argumentos erróneos que unidos al engaño de Satanás, crean las falsas ideas religiosas, las filosofías y todas las creencias que se insertan en la mente del ser humano.

Estas fortalezas atrapan y capturan a millones de almas, las que por su propia voluntad se dejan arrastrar hacia verdaderas cárceles espirituales.

Es decir, necesitamos armas poderosas en Cristo que puedan aniquilar esas fortalezas de engaños.

Satanás ha creado estas fortalezas, con el objetivo de que la mente del ser humano permanezca atrapada allí, sin cuestionar los engaños y las contradicciones. Tal como ocurrió en el monte Sinaí, con la creación del becerro de oro.

Esta es la obra del mismísimo diablo y tiene como única meta: llevar al ser humano a una rebelión voluntaria contra Dios y como resultado; la muerte eterna.

El texto añade como usar correctamente estas poderosas armas:

*Derribando argumentos y toda altivez que se levanta contra el conocimiento de Dios,*

> *y llevando cautivo todo pensamiento a la obediencia a Cristo,*
>
> *2 Corintios 10: 5*

El arquitecto y constructor de todas las fortalezas espirituales es Satanás y siempre se levantará contra la verdad y el conocimiento de Dios.

Entonces, los cristianos verdaderos debemos usar las armas de Dios, liberando las mentes de los hombres sometidos a prisión, a través de la verdad de Cristo. Derribando falsos argumentos engañosos, arrebatando de las garras del enemigo todo pensamiento, llevándolo cautivo a la obediencia de Cristo nuestro Señor y Libertador.

Tenemos que tomar seriamente este llamado a dar la guerra espiritual, porque esta guerra es de Dios y nosotros somos sus soldados. Hemos sido armados y vestidos para ir a la batalla en el nombre del Señor de los Ejércitos.

Debemos ir y destruir estas ideologías falsificadas por el diablo, para así dar libertad a estas almas. Debemos liberar sus mentes y pensamientos de la religión y el paganismo, estando firmes en la verdad y llevando la luz de su Palabra.

Por tanto, esta guerra se libra a nivel de la mente de las personas. Esta es la verdadera guerra espiritual.

Esta batalla no es carnal. Las armas utilizadas tampoco son carnales sino espirituales; las que deben ser utilizadas correctamente. No para perseguir y cazar demonios por todos lados, ya que no es el concepto Bíblico acerca de la guerra espiritual, sino que deben ser utilizadas para destruir toda ideología y tentación que aceche la mente de las personas.

La guerra espiritual es una realidad y mientras estas nuevas iglesias apostólicas se dedican a cazar demonios para someterlos a todos, las falsas ideologías y falsas doctrinas, atrapan a millones de almas que de generación en generación, se van hacia la eternidad sin la luz de Cristo.

Debemos Aniquilar, todo falso sistema de creencias y toda doctrina de engaño, como estas nuevas teologías apostólicas, que se levantan contra el conocimiento de Dios y contra su verdad.

Esta regla, la podemos aplicar en nuestros ministerios, ayudando a nuestros hermanos llenando sus mentes con la luz de Cristo.

Llevando luz al mundo, contra las diversas creencias existentes y que pretenden hacerse pasar por Dios; pero que no lo son.

Las armas espirituales se activarán, exhibiendo las verdades de Dios, para que las mentes de los hombres reciban la luz de Cristo y que esta luz destruya la mentira de Satanás. Así, llevaremos los pensamientos cautivos a los pies de Cristo.

*En los cuales el dios de este siglo cegó el entendimiento de los incrédulos, para que no*

> *les resplandezca la luz del evangelio de la gloria de Cristo, el cual es la imagen de Dios.*
> *2 Corintios 4:4*

Satanás ha cegado la mente de las personas para que no vean la verdad, por tanto, la mente es el campo de batalla donde finalmente se libra la guerra espiritual. Este escenario oculta al autor del engaño y la maldad.

Es importante entender que nuestro Dios, ha decidido pelear la batalla por nosotros y vencer en favor de los que creemos y esperamos en él.

La mentira solamente se puede destruir con la verdad. Al recibir la luz de Jesús, las personas logran entender que esas falsas creencias religiosas eran engaños y mentiras.

Después de recibir a Cristo en nuestros corazones, todos fuimos transformados y renovados milagrosamente. Fue entonces cuando entendimos que todos los conceptos del mundo no tenían valor alguno.

Gracias sean dadas a nuestro Señor Jesús, por venir a darnos libertad.

Dele infinitas gracias al Señor, que lo ha rescatado de las fortalezas en las que permanecía cautivo y sin esperanza.

El llamado entonces es; a permanecer firmes en la fe y en la sana doctrina, derribando todo argumento que se levante contra el conocimiento de nuestro Dios.

*El Espíritu del Señor está sobre mí,*
*Por cuanto me ha ungido para dar buenas nuevas a los pobres;*
*Me ha enviado a sanar a los quebrantados de corazón;*
*A pregonar libertad a los cautivos,*
*Y vista a los ciegos;*
*A poner en libertad a los oprimidos;*

*Lucas 4:18*

En el siguiente capítulo, analizaremos la importancia que la iglesia debe dar a la preservación del conocimiento de Dios, entregando el alimento espiritual no adulterado, basando su autoridad en la verdadera Palabra revelada.

## CAPITULO 8

*Te encarezco delante de Dios y del Señor Jesucristo, que juzgará a los vivos y a los muertos en su manifestación y en su reino,*
*Que prediques la palabra; que instes a tiempo y fuera de tiempo; redarguye, reprende, exhorta con toda paciencia y doctrina.*
*2 Timoteo 4:1-2*

# GUARDAD EL BUEN DEPÓSITO

En el monte Sinaí, el pueblo se rebeló contra Dios y contra Moisés, hablando y declarando falsedad. Levantando dioses falsos que representaron otras creencias y otras ideologías; las mismas que ellos adoptaron como si fueran representativas de Dios. Muchos de ellos cayeron en el engaño y adoraron al becerro de oro.

El creador de todas estas estrategias es Satanás y sigue operando de la misma manera en la actualidad, usando los mismos métodos de falsificación, creando nuevos principios y falsas doctrinas; convenciendo a los incautos que estas ideas provienen de Dios, pero lo que en realidad pretende es; levantarse contra el conocimiento de Dios.

La autoridad de Dios debe ser una guía para el ser humano, ya que la naturaleza carnal del hombre natural, lo dirige constantemente hacia el pecado y hacia la rebelión contra Dios.

El mundo actual busca su orientación en la moda, en las costumbres y en las nuevas tendencias. El ser humano, constantemente busca una guía para dar sentido a sus vidas; pero al enfrentar la autoridad de las enseñanzas divinas, estas no caben en su entendimiento. Lo que genera una rebelión constante en el hombre natural, ya que busca experimentar nuevas sensaciones, conocimientos y mensajes que lo mantengan maravillado y entretenido.

El ser humano, se resiste a recibir un mensaje de autoridad divina que revele la real condición en la que se encuentra, generando anticuerpos contra todo lo que signifique la reprensión y la exhortación de Dios.

> *Porque todo aquel que hace lo malo, aborrece la luz y no viene a la luz, para que sus obras no sean reprendidas.*
>
> *Juan 3:20*

Este fenómeno, también ha alcanzado a la iglesia evangélica, ya que en algunos lugares se está predicando un mensaje liviano y superficial. Un mensaje entretenido, utilizando como pretexto alguna cita bíblica o entregando mensajes motivacionales, con el propósito de alcanzar nuevos niveles de auto superación personal y financiera; pero nunca, basados en lo que Dios tiene para ellos.

Algunas iglesias se olvidaron de guardar fielmente el buen depósito que el Señor nos entregó y hoy carecen del verdadero alimento espiritual para hacer crecer su redil.

Crecimiento en términos del conocimiento de Cristo.

> *hasta que todos lleguemos a la unidad de la fe y del conocimiento del Hijo de Dios, a un varón perfecto, a la medida de la estatura de la plenitud de Cristo;*
>
> *Efesios 4:13*

El predicador, no puede evadir su responsabilidad de entregar la verdadera autoridad de Dios, aunque su mensaje no sea popular o no esté a la moda. El siervo debe entregar la enseñanza con valentía, ya que muchas veces la cobardía del predicador lo desvía de la reprensión y la exhortación frente al pecado.

Vemos el episodio que protagonizó Aarón en el desierto y cuáles fueron las consecuencias.

El verdadero siervo de Dios, lleva la autoridad a través del mandato recibido; la sana doctrina

> *Pero tú habla lo que está de acuerdo con la sana doctrina.*
>
> *Tito 2.1*

El predicador habla lo que está en acuerdo con la sana doctrina. El no está sujeto a entregar sus propios pensamientos, sino que debe recibir su autoridad directamente de la Palabra de Dios. Esta es la máxima autoridad que todo pastor, maestro, predicador y todo siervo del Señor debe respetar. La Palabra de Dios.

El hombre de Dios debe considerar la Escritura como su máxima fuente de inspiración e iluminación; ya que la autoridad de una iglesia no es el pastor o el predicador, la verdadera autoridad proviene directamente de la Palabra inspirada por Dios.

Es importante distinguir este concepto y no caer en complicaciones, ya que solamente Dios sabe realmente cual es el alimento necesario para su rebaño.

Actualmente, las Sagradas Escrituras a través del Espíritu Santo, nos entregan iluminación de la palabra ya revelada.

El predicador no debe entregar sus propias ideas. El debe declarar los mandamientos de Dios. El siervo puede ser un erudito o un catedrático en el conocimiento, pero la autoridad no viene de su posición o jerarquía intelectual; sino que viene de Dios, a través de la Palabra no adulterada.

Esta es la gran responsabilidad de los siervos de Dios. Jesús mismo declaró:

*Porque yo no he hablado por mi propia cuenta; el Padre que me envió, él me dio mandamiento de lo que he de decir, y de lo que he de hablar.*

*Juan 12:49*

Actualmente, podemos ver en la nueva iglesia apostólica, como toda intención de buscar y de escudriñar las Escrituras, es reemplazada por la búsqueda de nuevas experiencias místicas y sobrenaturales, a través de los nuevos apóstoles.

Ellos consideran el estudio bíblico como secundario. Además argumentan que; mucho conocimiento crea hombres religiosos y cerrados.

Este concepto se convierte en un engaño muy dañino para la verdadera iglesia cristiana, ya que los asistentes a estos lugares, no encontrarán fundamento verdadero. No tendrán el privilegio de recibir y de abrazar la Palabra, para crecer cada día más en el conocimiento de Cristo.

Siempre se levantarán falsos maestros y falsos profetas con el objetivo de alejar a muchos del conocimiento verdadero.

Un concepto falso y satánico es: dejar de escudriñar las Escrituras para dar lugar a nuevos conocimientos revelados y a experiencias sobrenaturales que surgen de estas revelaciones. Este es un argumento utilizado por la nueva iglesia apostólica.

Si analizamos la epístola de Pablo a Timoteo, vemos que el apóstol claramente hace un importante llamado a llevar la predicación de la Palabra de Dios.

> *Retén la forma de las sanas palabras que de mí oíste, en la fe y amor que es en Cristo Jesús. Guarda el buen depósito por el Espíritu Santo que mora en nosotros.*
>
> *2 Timoteo 1:13-14*

Pablo declara a Timoteo la verdadera responsabilidad del siervo; retener las sanas palabras, guardar el buen depósito recibido directamente del Señor Jesucristo y predicar la Palabra de Dios.

> *Te encarezco delante de Dios y del Señor Jesucristo, que juzgará a los vivos y a los muertos en su manifestación y en su reino, Que prediques la palabra;....*
>
> *2 Timoteo 4:1-2*

El apóstol fue despreciado y maltratado por llevar el verdadero mensaje al mundo. Al escribir esta epístola a Timoteo, Pablo sabía que ya no le quedaba mucho tiempo en esta tierra, por lo que manifestó su preocupación por el destino de toda la enseñanza recibida del Espíritu Santo.

Pablo sabe que ya no vendrán más hombres a recibir nuevas revelaciones, motivo por el cual, justifica su preocupación y su insistencia en mantener y conservar fielmente el buen depósito para las futuras generaciones. El apóstol, deberá traspasar a su discípulo Timoteo toda esta enseñanza.

Si realmente existieran nuevos apóstoles de continuidad o ungidos para recibir nuevas revelaciones de Dios; ciertamente, no veríamos a un apóstol tan preocupado por la obra y la conducta de Timoteo en esta epístola, sino más bien relajado.

Las primeras instrucciones que recibe Timoteo en calidad de mandato es: que nadie enseñe una doctrina diferente.

También el apóstol establece que su doctrina fue recibida directamente de Dios, por lo tanto, no existe ungido que pueda modificarla o renovarla.

Pablo estaba muy atento a este problema, de hecho califica el mensaje recibido como: "El Glorioso Evangelio".

Podemos recibir iluminación de su palabra revelada, a través del Espíritu Santo; pero, nunca recibir una nueva revelación.

Dios nos enseña el cuidado que debemos tener en mantener y guardar lo que se nos ha entregado, ya que la enseñanza proviene directamente de Dios y no viene con características renovables.

Dios comunicó a Pablo y a sus apóstoles la verdadera revelación y ellos la atesoraron considerándola como de gran valor. La misma que no puede ser adulterada.

Pablo encarga a Timoteo el mandato y la enseñanza para que milite; es decir, para que de la batalla por ella. Además, entrega guías de acción basadas en la lectura y el conocimiento para traspasarlos como enseñanza a otros. No le pide que busque momentos emocionales de nuevas revelaciones.

> *Entre tanto que voy, ocúpate en la lectura, la exhortación y la enseñanza.*
>
> *1Timoteo 4:13*

También Pablo anuncia claramente, cuál será el origen de la apostasía en los postreros días; y se refiere a los hombres que creerán en las enseñanzas de los falsos maestros.

El resultado de esta falsa enseñanza en los creyentes será: una vida lejos de la santidad y un acercamiento a la decepción espiritual; para luego dar paso a la apostasía.

> *Pero el Espíritu dice claramente que en los postreros tiempos algunos apostatarán de la fe, escuchando a espíritus engañadores y a doctrinas de demonios;*
>
> *1 Timoteo 4:1*

Cada vez nos acercaremos más a los postreros tiempos, conforme aparezcan nuevas doctrinas y nuevas revelaciones, todas con intenciones de renovar el mensaje.

Estos hombres serán reconocidos como los apóstatas. Los que abandonaron la fe y negaron a Cristo, ya que un apóstata es quien se aleja de su posición original.

Estos apóstatas, serán los falsos cristianos que creyeron a la verdad, pero que luego, también creerán a la mentira. Evangélicos nominales sin entendimiento, lo que significa, que siempre fueron supuestos cristianos; pero nunca conversos.

Pablo llama a estas falsas enseñanzas como: doctrinas de demonio. Y se refiere a engaños de origen demoníaco que buscarán torcer la verdad, transformarla o modificarla. Sin embargo aprendemos que el verdadero mandato es, guardar fielmente la Palabra de Dios.

Tal como hoy lo vemos en las nuevas iglesias apostólicas, tratando de modificar el buen depósito guardado, con el único objetivo de engañar a muchos.

Es por lo anterior, que el apóstol otorga un sobre valor a los que predican y enseñan, es decir, estos siervos deben ser considerados como un pilar fundamental en el desarrollo de la iglesia, a través del conocimiento verdadero, para no caer en falsas enseñanzas.

> *Los ancianos que gobiernan bien, sean tenidos por dignos de doble honor, mayormente los que trabajan en predicar y enseñar.*
>
> *1 Timoteo 5:17*

El falso maestro enseña doctrinas diferentes, que se contradicen con la verdad revelada por Dios. Este hombre no se satisface con la verdad, ya que no está de acuerdo con ellas y necesita encontrar un conocimiento diferente al recibido.

También, el falso maestro enseña falsedad para conseguir una fuente de ganancia, llevando el evangelio de la ambición y el evangelio de la prosperidad. Es decir, llevando sobre sus hombros un becerro de oro a quien seguir.

Recordemos que Pablo recibió la doctrina de Dios. Por tanto, se entiende la preocupación del apóstol al saber que Dios ya no transmitirá revelación a otros directamente.

Timoteo debía tomar la enseñanza de Pablo y entregarla a hombres fieles, para que también ellos guardasen íntegro el mensaje.

Pablo fue un gran receptor de la revelación divina. Además, él muestra gran interés en que estas enseñanzas sean fielmente guardadas.

Su preocupación, apunta a que las futuras generaciones también reciban el verdadero mensaje sin alteraciones, para así traspasarlo de generación en generación.

Verdaderamente Dios necesita hombres fieles a su palabra.

> *Lo que has oído de mí ante muchos testigos, esto encarga a hombres fieles que sean idóneos para enseñar también a otros.*
>
> 2 Timoteo 2:2

El buen discípulo debe encargar el mensaje a hombres espirituales, capaces de transmitir a otros, la genuina enseñanza. Este es el proceso que Dios planeó para una reproducción espiritual perfecta, desde la primera iglesia primitiva hasta el regreso del Señor.

## SE VOLVERAN A LAS FÁBULAS

*Porque vendrá tiempo cuando no sufrirán la sana doctrina, sino que teniendo comezón de oír, se amontonarán maestros conforme a sus propias concupiscencias, y apartarán de la verdad el oído y se volverán a las fábulas.*
*2 Timoteo 4:3-4*

Estas palabras del apóstol se podrían cumplir en esta era, cuando en la nueva iglesia apostólica ya no se predica el mensaje de Cristo, sino que se predican sustitutos de la Palabra de Dios y solamente se plantean modelos teóricos de la estructura apostólica, con el único objetivo de salir a gobernar este mundo.

Actualmente, estos grupos desarrollan grandes eventos y seminarios, en los que se enseña a obtener la abundancia del reino y como ser cristianos con poder sobrenatural.

Se predican fábulas para atraer y entretener al creyente y así, mantenerlo sometido a engaños nacidos de sus propios anhelos.

Todos los predicadores están bajo la observación de Dios, con la advertencia de que serán juzgados. Pablo recuerda la responsabilidad que le corresponderá en este sentido a cada siervo.

El gran llamado entonces es; a que se predique la palabra y no fábulas. A no conformarse con falsas doctrinas que se oponen a la verdad de Dios.

Toda la verdad de Dios es revelada a través de la Biblia y debemos insistir en forma repetitiva en esto: La verdad ya ha sido revelada una vez y para siempre; ahora necesitamos la iluminación del Espíritu Santo.

Pablo cumplió todo el propósito de Dios en su vida, el sabe que acabó la carrera con éxito y ahora le espera la corona de justicia, pero existe en él una preocupación; confiar que Timoteo logre traspasar la sana doctrina.

Pablo siempre fue fiel a su llamado, él sabía que su fin ya estaba cerca. Pero también, estaba preocupado de que se llevase a cabo el traspaso del tesoro o el buen depósito que Dios le entregó, a través de su ministerio.

El apóstol está pensando en el futuro de la iglesia. Si existieran los apóstoles de continuidad, Pablo no tendría motivos para tanta insistencia.

Sin embargo, hoy vemos como este movimiento apostólico, pretende destruir las bases tradicionales que fundan la sana doctrina, para establecer una nueva iglesia, sustentada solamente en fábulas e historietas nacidas en sus propias mentes.

Este puede ser el inicio de lo que ocurrirá en los tiempos del anticristo y de su enseñanza basada en el poder engañador de un nuevo orden religioso, cuyo falso avivamiento se manifestará con ministros conforme a sus propias concupiscencias.

La verdadera iglesia no debe destruir la sana doctrina desde sus bases, al contrario, ésta debe mantener el buen depósito fielmente guardado, y quienes quieran innovar en materia de doctrinas o nuevas revelaciones, rendirán cuentas a nuestro Señor cuando venga por los suyos.

Únicamente aquellos que guardaron su palabra y la sana doctrina serán tomados como iglesia aprobada. La misma iglesia aprobada de Cristo, que sufrió penalidades como la novia del Gran Rey, y no como la iglesia de Cristo que salió a dominar este mundo.

Timoteo ha recibido instrucciones claras: retener y guardar el depósito encomendado, predicar la Palabra y encomendar a hombres fieles lo recibido; para que, también ellos lo entreguen a otros sin adulterar y renovar el contenido. Este es el eterno mandato a preservar la sana doctrina.

¿Cuál es el modelo que usted seguirá como verdadero hijo de Dios? ¿Innovará en materia doctrinal o seguirá las instrucciones recibidas a través de la Palabra de Dios, reteniendo, guardando y traspasando el buen depósito hasta su venida?

## CAPITULO 9

# NUNCA OS CONOCI; APARTAOS DE MI,...

*Muchos me dirán en aquel día:*
*Señor, Señor, ¿no profetizamos en tu nombre,*
*y en tu nombre echamos fuera demonios,*
*y en tu nombre hicimos muchos milagros?*
*Y entonces les declararé: Nunca os conocí;*
*apartaos de mí, hacedores de maldad.*
*Mateo 7:22-23*

La gracia y misericordia de Dios nos hacen merecedores del perdón y de la salvación. Es la gracia y no las obras, la que nos llevará a estar con el Señor para siempre.

Cuando depositamos nuestra confianza en Jesús, la santificación en nuestras vidas produce el anhelo de agradar al Señor con nuestros actos. Es decir, primero debemos recibir la salvación de Cristo y como resultado de aquello, debemos hacer buenas obras para agradar y glorificar a nuestro Dios.

Entonces, sin fe en Dios las obras pueden tener apariencia de buenas; pero, no siempre lo son.

Lo mismo ocurre en la obra a Dios cuando se llevan a cabo señales, prodigios y milagros en el nombre de Jesús; los que realizados sin fe, pueden ser considerados como obras de maldad.

Existirán personas, que por medio de la gracia de Dios, llegarán al reino de los cielos sin haber realizado milagros en su vida. Pero, también existirá otro grupo de personas que al poner su confianza en la realización de obras sobrenaturales; no entrarán en el reino de los cielos.

Por lo tanto, entendemos que las obras en el nombre de Jesús, no son sustento para la salvación. Debemos anhelar la gracia y el perdón, más que el hacer señales en el nombre de Jesús, ya que sin la salvación de Dios, estas prácticas pueden ser consideradas como obras de maldad.

El texto bíblico en Mateo 7: 22, revela la existencia de hombres que se engañan a sí mismos, depositando su esperanza de salvación en obras realizadas en el nombre de Jesús. Sin embargo, pese a ser actos y prodigios espectaculares; no serán reconocidos, ya que Jesús declarará no conocerles.

En este caso, el Señor no negará las obras realizadas, sino que él indicará no conocer a sus autores. Además los considerará como hacedores de maldad, porque las verdaderas intenciones para llevar a cabo estos actos, no fueron buenas.

Un milagro, será calificado como una obra de maldad cuando: se lleve a cabo con un afán de hipocresía, buscando recompensa humana.

Las señales y milagros realizados sin la gracia de Dios, pueden impactar al mundo. El mundo puede ver solamente los efectos y la espectacularidad de tales prodigios; pero, no pueden impactar a Jesús, pues él es quien ve el corazón y no la obra.

Por tanto, entendemos que las verdaderas intenciones de estos falsos siervos; no son de servir al Señor.

Entonces, existen hombres que tienen apariencia de ser ungidos de Dios, capaces de llevar a cabo grandes señales y prodigios; pero según el pasaje bíblico, avanzan derecho al infierno por no hacer la voluntad de Dios, sino su propia voluntad.

¿Se ha preguntado alguna vez, quienes son estos siervos que hacen señales, profecías y milagros en el nombre de Jesús y al parecer con gran éxito; pero que finalmente serán considerados como hacedores de maldad?

Jesús revelará quiénes son estos hombres. Hoy no lo podemos ver con nuestros ojos, pero sí lo podemos discernir a través de las Escrituras, ya que Jesús mismo nos enseña acerca de las características de estos falsos ungidos.

En primer lugar, estos supuestos hombres de Dios, hacen milagros y señales; pero, en realidad no son ovejas del rebaño de Dios. Es decir, son ministros pero, no salvos. Trabajan y sirven a la obra activamente. Invocan el nombre de Jesús para ejecutar sus obras. Pero, Jesús nunca los conoció.

Las sectas y las falsas religiones, no administran la intercesión en el nombre de Jesús. Otras entidades religiosas invocan a santos, patronos, vírgenes u otros dioses para la mediación en favor de alguien.

Es indudable entonces, que estos falsos siervos son considerados cristianos, ya que ellos trabajan realizando señales y milagros en el nombre de Cristo.

Las denominaciones protestantes históricas, reconocen parcialmente la vigencia de estos dones de poder en la iglesia. Este pasaje bíblico, habla de personas con un conocimiento acerca del uso de dones espirituales, característicos de las iglesias cristianas pentecostales y carismáticas, que sí reconocen el uso de esas virtudes.

En consecuencia, estos falsos ministros son reconocidos por sus profecías, señales y milagros en el nombre de Jesús; pero, mimetizándose o disfrazándose dentro de la iglesia cristiana evangélica tradicional.

*Mis ovejas oyen mi voz, y yo las conozco, y me siguen,*

*Juan 10:27*

La Biblia identifica a los verdaderos siervos de Dios. Jesús declara en el libro de Juan 10:27, que él conoce a sus ovejas. Es decir, los verdaderos ministros son conocidos por Jesús.

Dios sí conoce a su rebaño.

Recordemos que a los falsos ministros; Jesús nunca los conoció.

También, Jesús nos enseña que el verdadero siervo escucha la voz de su Maestro, a través de sus enseñanzas. Estas ovejas luego de escuchar su voz; lo siguen.

Jesús declara quienes son estas ovejas que él sí conoce: Las que lo escuchan y lo siguen.

Esta analogía utilizada por Jesús, no significa que sus siervos escuchan su voz como un sonido audible, sino que escuchan su voz a través de la palabra y la atesoran.

Si Dios quisiera nos hablaría directamente, pero él ha dispuesto hablarnos a través de la Biblia. Pablo califica las Escrituras como: El consejo de Dios.

El Espíritu de Dios se comunica con nuestro espíritu de hombre, el cual gime hasta su redención. Luego, nuestra vida se llena de gozo, fe, seguridad de la salvación, de un anhelo por adorar y servirle. Pero también nos exhorta, convence de pecado, amonesta, restaura y nos guía.

> *El Espíritu mismo da testimonio a nuestro espíritu, de que somos hijos de Dios.*
>
> *Romanos 8:16*

Los cristianos conocidos por Jesús, son aquellos que escuchan su voz a través de su palabra y no buscan otras fuentes de revelación. Estas son las características de sus hijos y siervos.

Sin embargo. Jesús declarará no conocer a ciertos ministros milagreros.

En consecuencia, estos hacedores de maldad son ovejas que dicen creer en Jesús; pero, que no están escuchando su palabra. Ellos creen hacer la voluntad de Dios con señales y milagros, pero que en realidad, hacen su propia voluntad.

Servir a Dios sin conocerlo y sin conocer su palabra, falsificando su obra, puede ser considerado como obra de maldad.

> *Salieron de nosotros, pero no eran de nosotros; porque si hubiesen sido de nosotros, habrían permanecido con nosotros; pero salieron para que se manifestase que no todos son de nosotros.*
>
> *1Juan 2:19*

Los nuevos reformadores apostólicos declaran ser usados en profecías, señales y milagros en el nombre de Jesús. Sin embargo, no están basando su fe en la sana doctrina, a través de su palabra, sino que están buscando su propia revelación.

Estos pueden ser los ministerios de poder y milagros, que están invocando a Jesús para la realización de sus obras, pero que no están escuchando la voz de Dios; sino que están buscando otras fuentes de conocimiento, para finalmente ser apartaos y considerados como hacedores de maldad por Jesús.

¿Cómo estos hombres lograron llevar a cabo profecías, señales y prodigios, si Jesús nunca los conoció?

Posiblemente, Dios respaldó aquellos actos por amor a sus hijos necesitados, cuya fe agradó al Señor.

Gracias Señor por su misericordia que es nueva cada día.

Sirvamos al Señor con todo nuestro ser, con la certeza de que él nos conoce.

Busquemos conocerle cada día más, a través de la búsqueda de su Palabra y la constante comunión con nuestro Dios.

**CAPITULO 10**

# LA VERDADERA BATALLA

Uno de los milagros más gloriosos de su obra, es la que Dios realiza en nuestro interior.

Solamente Dios pudo transformar tu ser, a través de su Espíritu Santo, cuando comenzó a morar en ti el día que aceptaste a Jesús como Señor y Salvador de tu vida.

Ahora, Dios te sacará de la burbuja espiritual y te llevará a conocer una realidad fuera de tu iglesia local.

Encontrarás gente engañada con falsas ideologías y falsas doctrinas, que las hacen desviarse del verdadero camino, abrazando creencias que se transforman en sus fortalezas, para luego morir en ellas sin ver la luz de Jesús.

Descubrirás personas que siguen pensamientos humanos, llevados de un lado hacia otro, pero, destinados a la muerte eterna.

Entonces nacerá en ti la misericordia por el alma perdida. Comenzará a crecer en tu interior, la necesidad de ser usado por Dios para cambiar esta situación.

Pero, como no puedes hacer nada por tus propios méritos o con tus propias fuerzas, tienes que disponerte en las manos de nuestro Dios.

La guerra a la que te enfrentas no es contra sangre y carne, por tanto, debes comenzar a confiar en su Espíritu Santo para ser guiado.

Sin darte cuenta serás usado grandemente; pero de manera distinta a como imaginaste, ya que en esta verdadera batalla, enfrentarás la decepción y toda clase de oposición.

Dios permitirá esta lucha para darte la victoria sobre el mundo, el pecado y Satanás.

> *Más gracias sean dadas a Dios, que nos da la victoria por medio de nuestro Señor Jesucristo.*
>
> *1 Corintios 15:57*

Dios comenzará a usar tus dones y talentos, todas tus capacidades y frutos, conforme a los propósitos preparados para formar en ti, un líder, un guerrero de Su Palabra, un soldado dispuesto para la destrucción de fortalezas.

Debes disponerte en las manos de Dios y dejarte moldear por Su inspiración a través del Espíritu Santo. Entonces serás un buen soldado de Jesucristo que permanece firme.

El buen soldado sueña con ganar grandes batallas y ser victorioso. Pero, cuando sale al verdadero campo de batalla, encontrará lágrimas junto a sus victorias y solamente soñará con sobrevivir.

Fortaleceos en el poder de su fuerza y no en tus propias fuerzas. Dios es quién nos guiará y protegerá hasta el final. Siempre confiando en su capacidad, ya qué no dependemos de nosotros, sino de Dios. Lo que significa: vivir constantemente en dependencia a Dios y siempre revestidos de su fuerza.

> *Por lo demás, hermanos míos, fortaleceos en el Señor, y en el poder de su fuerza. Vestíos de toda la armadura de Dios, para que podáis estar firmes contra las asechanzas del diablo.*
>
> *Efesios 6:10-11*

La armadura no se quita; siempre debe estar sobre ti. Dios es quien te revistió y el mismo es quien peleará la batalla por ti. Por tanto, debemos permanecer firmes en su fuerza, usando la armadura como forma de vida y permanente comunión con Dios.

Debemos estar siempre firmes, apartados de todo mal, alimentándonos de la Palabra de Dios. Anhelando ser llenos de su Espíritu Santo, en ferviente oración y siempre humillados delante de Dios.

Resistamos el día de nuestra prueba, cuando seamos tentados. Mantengamos firme nuestra fe y confianza en el Señor.

Si Dios hizo una obra tan grande en nosotros cuando éramos sus enemigos, ¿cuán grandes maravillas hará en nosotros, ahora que somos sus hijos?

Si él nos rescató cuando éramos extraños, ¿quién nos separará de Dios ahora que somos su pueblo escogido, santo y amado?

*Porque si siendo enemigos, fuimos reconciliados con Dios por la muerte de su Hijo, mucho más, estando reconciliados, seremos salvos por su vida.*
*Romanos 5:10*

## LA LOCURA DE LA PREDICACION

*Pues ya que en la sabiduría de Dios, el mundo no conoció a Dios mediante la sabiduría, agradó a Dios salvar a los creyentes por la locura de la predicación.*
*1Corintios 1:21*

El verdadero cristiano puede discernir la sabiduría de Dios; pero no así los gentiles.

La sabiduría de Dios no es escuchada por el mundo, pues, para ellos es locura.

Sin embargo, lo que para el mundo es locura, también será la única herramienta que el alma perdida escuchará.

Por tanto; ¿Cuál es el mensaje que la verdadera iglesia cristiana debe transmitir al mundo, para cumplir con la gran labor de rescatar almas perdidas para Cristo?

Este mensaje es: la locura de la predicación del evangelio de Jesucristo y las buenas nuevas de salvación.

Cuidemos el verdadero mensaje a través de la sana doctrina. Todo lo demás, no representa a Dios.

Apartémonos de toda blasfemia y falsedad humana, alejémonos de fábulas nacidas en la mente de hombres ilusos, que con nuevas ideas y con nuevas doctrinas nos quieran acechar.

El becerro de oro fue la nueva verdad absoluta para hombres sin discernimiento. Hombres infieles que se olvidaron de Dios, adorando a un ídolo que tenía su origen en los corazones no convertidos y en sus anhelos mundanos más profundos.

Debemos entender que un mundo perdido, no necesita escuchar un mensaje entretenido de prosperidad o de fábulas neo-apostólicas que no presentan la obra de Cristo, ya que este falso mensaje, atraerá a corazones llenos de ambición y de avaricia.

Solamente su palabra y sus enseñanzas, a través del Espíritu Santo, serán la guía perfecta para avanzar en el camino del cristiano.

Finalmente, La iglesia fortalecida en el Señor, ya estará lista para salir a dar batalla a este mundo en tinieblas, guardando fielmente su palabra; siempre guiando hacia la luz de Cristo, a través de la locura de la predicación.

Cristo es el mediador supremo y misericordioso, por lo mismo, debemos interceder por las personas que una vez conocieron el evangelio del Señor Jesucristo y que hoy están sumergidas en el engaño, adorando a becerros de oro.

Sabemos que será en los postreros días, cuando Satanás intentará hacer caer aún hasta los escogidos, para fundar las bases de la iglesia del anticristo. Pero, sabemos también, que el tiempo de la gracia aun está presente.

Acerquémonos confiadamente al trono de su gracia para alcanzar misericordia.

Iglesia del Señor, anímate a vivir confiando en la esperanza de que el Señor un día de estos, más temprano que tarde volverá por nosotros. Jesús un día volverá y se nos revelará tal como es. Amén

Printed in the United States
By Bookmasters